Drama Skills for Life
ドラマ・スキル
Lesley Christen
A handbook for teachers 生きる力を引き出す

レスリー・クリステン
吉田新一郎訳

新評論

訳者まえがき

　私がこの本を日本の人たちに紹介したいと思ったのは、2001年1月にオーストラリアの高校を訪ね、世界的にも「ドラマ教育」に熱心といわれているオーストラリアのドラマの授業を実際に見てしまったからです。

　生徒たちが、なんと楽しく、生き生きとしていたことでしょう。この光景は、日本の学校で行われているたくさんの授業はもちろんのこと、オーストラリアでもほかの教科ではなかなか見られません。何よりも、からだを動かすのがいいようです。本来、あれほどエネルギーがあり余っている小・中・高校生を、ほとんど体育の授業以外は椅子に座らせたままにしておく方がおかしなことなのですから。じゅうたんが敷きつめられ、机のない大きな部屋も、生徒たちには開放感を与えていたのかもしれません。さらには、からだを使って創造的に自分を表現することも、楽しさや生き生きしていることの大きな要因ではないかと思えました。そして、私は真剣に考え込んでしまったのです。

　「子どもたちが、こんなに楽しく、生き生きとからだを動かせ、しかも自分のことを表現できる時間が学校にあるのとないのでは、学校にいるときはもちろん、卒業して社会に出てからも大きな違いが出てしまうのではないか」と。

　そして、ドラマの先生たちに参考にしている本を紹介してもらい、本屋に行ってそれらを買い込んで日本に帰ってきた次第です。

　その1冊がこの本です。先生や親を含めた日本の教育関係者に、学校で取り組むドラマの必要性と可能性をぜひ知っていただきたいと思ってこの本を訳しました。

　では、この本にはどのような意味があるのでしょうか？　私なりに考えてみますと、次の4点が挙げられます。

　まず1点目は、ここ数年、日本の教育現場でもっとも頻繁に聞かれる言葉の一つである「生きる力」との関連です。日本の教育界では、10年ほど前に「新学力観」

なるものが提示されました。それまでの知識の暗記一辺倒の教え方を反省し、子ども達の関心・意欲・態度、思考力、判断力、表現力を重視した教え方をするように当時の文部省から教育現場への投げかけがあったのです。しかし、それがほとんどまったくといっていいほど浸透しないうちに、今回の学習指導要領の改訂に至り、その目玉の一つが「新学力観」なるものの名称を変えただけなのか、それとも発展させたものなのか定かでない「生きる力」[1]なのです。その「生きる力」の中身は何かというと、従来の「単なる知識の量」だけではなく、以下の六つと捉えることができます。

・知識や技能を身に着け、活用する力
・学ぶことへのやる気・意欲
・自分で考える力
・自分で判断する力
・自分を表現する力
・問題を解決し、自分で道を切り開いていく力

　小・中・高の先生方の多くは、新学習指導要領によって新たに導入された「総合的な学習の時間」はもちろん、既存の教科の中でも、これらの力をいかに身に着けさせるかと悪戦苦闘をされているようです。それは、当然のことかもしれません。あまりにも長い間、テストや入試でいい点をとれる「学力」を追求し、文部科学省が10年前から掲げ始めている「確かな学力」、あるいは本来身に着けているべき学力の方を軽視ないし無視し続けてきたのが日本の教育なのですから（文部科学省のホームページ http://www.mext.go.jp/ を参照してください）。

　この本の原書のタイトルは、『Drama Skills for Life（生きていくのに必要なドラマのスキル（力）』です。もちろん、ドラマをやっていれば生きていくのに十分というわけではありませんが、ドラマの中には生きていくのに大切なスキルがたくさん含まれているという意味です。それらを活用しない手はありません。

　それでは、どのようなスキルが含まれているかといいますと、以下のようなものが挙げられます。なお、この中には、劇の前段階の部分ともいえる即興やマイムなどを通じて磨かれるスキルも含まれています。また、それ以外に、スキルとは言い

難い姿勢や態度というものも含めました。
- 話し合う力（特に大切なのは「聞く力」）
- 書く力
- マイムや即興も含めて演じる力——人前で演じることの苦痛や快感も含めて
- たくさんの知識や経験を踏まえて判断する力——他教科の知識と統合する力
- 知っていること（知らないことも？）を表現する力
- 考える力——それも応用、分析、統合（まとめ）、評価といった高いレベルの思考力[★2]。また、柔軟で、オリジナルで、入念な思考も。
- 劇づくりに必要な様々なノウハウの獲得——役づくりのための調査研究、計画。小道具や衣装を作ったり、困難を乗り越えられる力。
- 自分の感情も含めて、自分自身について知る力
- 一緒につくっている仲間や観客などと人間関係を築く力
- 想像力・創造力——それを通じて得られる喜びも
- 好奇心
- リスクを犯せる態度、試してみる姿勢
- 結果を予測する力
- 振り返れる力

　これだけの能力や姿勢・態度が身に着くのですから、マイムや即興やドラマを使わない手はない、と皆さんも思われませんか？　これらのほとんどに、この本を通じて納得していただけると同時に、これらを可能にする方法を発見していただけると思います。

★1　2002年4月から小・中学校では新しい学習指導要領にのっとった授業が行われ、2003年4月からは高校で新しい学習指導要領にのっとった授業が行われます。ちなみに、先生方はその学習指導要領にのっとった授業をすることは義務づけられていますが、学習指導要領に基づいてつくられているとされている教科書をカバーすることは義務づけられていません。教科書は、あくまでも「主たる」教材に過ぎないからです。扱うテーマや対象にしている生徒達次第では、よりよい教材はいくらでもほかにあり得るからです。

★2　1956年にシカゴ大学の教授だったベンジャミン・ブルームが、『教育のねらいの分類』という論文を発表しました。その中で、「思考という行為は、6段階にレベル分けできる」と提唱していました。暗記、理解が低いレベルの思考であるのに対し、応用、分析、統合、評価が高いレベルの思考とされています。どのレベルの思考をさせたいかということによって、教師の投げかける質問は自ずと違ってきます。

２点目は、ドラマが「学ぶことへの関心と意欲」を引き出す授業に大きく貢献するという点です。「学力低下」論争と相まって、「学びから逃避する子ども達」が社会問題化していると大学の研究者やマスコミが指摘しています。本当にそんな事実はあるのでしょうか？

　私は、人間である以上、学ぶことから逃避などできるはずがないと思っています。それは、別に私が言うのではありません。人間の脳の機能を研究している人たちが教えてくれていることです。「人間の脳は、絶えず学んでいる」と。

　問題は、教室ないし授業という場で、子ども達が学びたくなるような形で投げかけが行われているかというところにあるように思います。40～50年前にテレビもテレビゲームも携帯電話もなかった、刺激的なものがほとんどなかった時と同じような教え方を現在もしていたところで、子ども達が関心をもってくれるはずはありません。ある意味では、子ども達の身の周りの環境で、一番面白味も刺激もないのが学校の教室の中という空間かもしれません。

　それに対して、この本は生徒たち中心の学び、生徒たちが主役の学び、生徒たちが動きながら考える学び、生徒たちがしっかり振り返る学び、そして生徒たちが楽しく、ウキウキしながらも、挑戦しつづける学びのモデルとして参考にしていただけると思います。これらの学びを、私は「学びの原則」という言い方をすることによってあえて強調したいと思います。そうしないと、「子どもたちの学び」が軽視され続けてしまいそうだからです。このことは、当然すべての教科にあてはまることです。

　「学びの原則」を踏まえた形で教えるのと、無視した形で教えるのとでは学びの質も量も大きく違ったものになってしまいます。以下は、今現在、私が考えている「人がよく学べるための原則」です。

❶誰もが学んでいる。学び方やスピードが違う（動機も違う）──多様な教え方が求められる。

❷不安のないこと（人は頭だけでなく、心やからだを使って学ぶ。自己肯定が大前提）さらにいえば、楽しくないとよく学べない──環境／雰囲気づくりの大切さ。

❸積極的に参加できること（さらには、貢献できること）──聞かせるだけでなく、生徒たちにこそ主体的に動いたり、考えてもらうことが大切（知識は伝えるもの

ではなく、生徒たち自らがつくりだすもの。技能や態度も同じ）。
❹ 意味のある内容／中身を扱うこと（身近に感じられること）──→人は白紙の状態から学ぶのではなく、それまでの体験や知識を踏まえて学ぶ。
❺ 選択があること──→与えられたものをこなすよりも、自分が選んだものの方がよく学べる（この中には、チャレンジする部分も含まれる）。
❻ 十分な時間があること──→たくさんのことを短時間でカバーしてはよく学べない。身に着くまで練習できることが大切。
❼ 協力し合えること──→競争させたり、バラバラで学ばせるより、相互にやり取りした方がよく学べる（今日、何人かでできたことは、明日、１人でできる）。
❽ 振り返りとフィードバックがあること──→自分自身で頻繁に振り返ることと、教師やほかの生徒からのフィードバックがあるとよく学べる
❾ 祝うこと、教えること（祝う、誉められる、ほかの人に教えるチャンスが与えられると、さらに意欲がわく）。

　これらについても、この本の中で見いだしていただけると思います。しかし、こうした学びを実現するには、まず先生方を含めて大人が「学びの原則」を踏まえた研修を体験することから始めなければなりません。まだ、教師のみを対象にした研修プログラムで推薦できる本はありませんが、親と教師の両方を対象にした研修プログラムできわめて効果的な本が、本書と同じ出版社である新評論から『ペアレント・プロジェクト』（ジェイムズ・ボパット著）というタイトルで出版されました。アプローチは基本的に同じですので、参考にしていただければ幸いです。大人が学んでいないのに、子どもたちがよく学べるはずはありませんから。

　３点目は、日本には「ドラマ」という教科が存在しないことと関連するのですが、教科の統合ということです。この本の中では、ドラマと英語を統合した授業の進め方が紹介されています。事実、オーストラリアの英語の先生の多くはドラマを教える資格ももっている人が多いようです。両者を、切っても切れない関係と捉えているのかもしれません。とはいえ、著者も「はじめに」で指摘しているように、この二つの教科の統合だけではこれからは不十分です。何といっても、教科の存在自体

があくまで教える側の都合で設けられたものであって、学ぶ側の都合に関してはいっさい考慮されていないからです。学ぶ側からすれば、ひょっとしたら教科の存在自体（時間割も）が学びの制約になり、助けになっていないのかもしれません。

単純な理科の事例を例にとってみますと、カエルの足の動きを単に図などを使って説明しただけというのと、実際に子ども達が足の動きを真似てみるのでは、どのような違いが生じると思われますか？　ほかの例としては、植物の光合成や水の循環、さらには重力などについて説明した後に、3～4人のグループでそれらについて演じてもらうこともできます。そうすることによって、教科書や黒板の文字や図ではよく学べなかった子どもたちには、からだを実際に動かすことによって理解できる可能性を提供することにもなるのです。しかも、1点目で指摘した多様な能力や姿勢・態度をもあわせて身に着けながら。

少し複雑に思われるかもしれませんが、数学と理科を除いた、国語、社会科（歴史、地理）、英語、芸術（音楽、美術、ダンス、ドラマ）を統合した形で展開された授業の例を紹介しましょう。ただし、これはデンマークの中学校の例なので、国語の部分は実はデンマーク語です。

この授業は、まず「自分とは何か」を明らかにするために、自分のファミリー・ツリー（家系図）を描くことから始まります。そして、家族の何人かにインタビューをします。その結果、なんとクラスの25人中15人もがデンマーク以外にルーツをもっていることが分かってしまいました。みんな、そんなに高い比率とは思っていなかったそうです。

この結果を受けて、「デンマーク人とは、デンマーク的とは何か」を議論し合いました。その後、短いストーリーを書いて、「若いデンマーク人であるとはどういうことか」を各自が考えました。次のステップでは、それをテーマにしたマスク（仮面）やダンスや音楽などを使って親たちに見せました。

さらに次のステップでは、第三世界のうちの一つの国を選び、人々の暮らし、特に若者たちの暮らしを可能な限り調べてみました。その結果は、「そこで暮らすということはどんなことか」という物語の形にまとめました。それは、さらに音楽やダンスを使って、デンマークとその国の若者が出会うミュージカルの制作へと発展していきました。この最後の部分では、特に二つの異なる国の若者が遭遇すること

によって生まれる出会いや衝突が何をもたらすのかを考えて欲しい、とこの一連の授業を担当した教師は言っていました。

　以上の、ドラマを含めた芸術的な要素をふんだんに盛り込んだだけでなく、生徒たちにとってはブツギリでない流れるようなデンマークの授業を、「総合的な学習の時間」の持ち方としてはもちろんのこと、日本においては現在バラバラに行われている各教科の授業を統合する際の参考にしていただければ幸いです。

　4点目は、自己開発ないし人間形成についてです。日本では「道徳」という領域が長い歴史をもっています。しかも、10年ぐらい前からは、それは道徳の時間だけでするものではなく、全教科・領域でも扱うことになっています。さらには、近年、中高生の殺傷事件が相次いだこともあって「こころの教育」の必要性も声高に叫ばれています。しかし、実態は半数ぐらいの先生が道徳の授業を敬遠している、という調査結果もあります。問題は、どうも方法論の欠如にあるようです。教訓めかしい、求めている答えが見え見えの道徳の授業など先生も生徒も嫌なのです。一つの正解などない、楽しく、動きがあり、生徒同士の話し合いを中心にした道徳の授業はいくらでも可能です。少なくとも、機運と環境は整っているのですから、道徳の授業をやる必要性がある、ないしやりたいと思っている先生方には、この本で紹介されている方法を参考にしていただければと思います。★3

　本書の翻訳出版にあたっては、著者のレスリー・クリステン氏と株式会社新評論の武市一幸氏に大変お世話になりました。心から感謝します。

　2003年2月

吉田新一郎

....

★3　同じような、あるいは似たような手法を使った『わたし、あなた、そしてみんな』『いっしょに学ぼう』『いっしょにできるよ』『対立から学ぼう』『未来を学ぼう』などが国際理解教育センター（ERIC）から出ています。問い合わせ先＝tel : 03-3800-9416。また、『人間関係を豊かにする授業実践プラン50』と『みんなとの人間関係を豊かにする教材55』（共に小学館・教育技術MOOK）は、『わたし、あなた、そしてみんな』（オーストラリアで開発された人間形成のためのグループ活動ハンドブック）の日本語版として出版されています。

もくじ

訳者まえがき ……………………………………………………… 1

はじめに …………………………………………………………… 17

パート1　レッスン

レッスン1　からだを集中させる　27

最初の出会い ……………………………………………………28
エクササイズ ……………………………………………………30
していいことと、いけないこと ………………………………33
ルール ……………………………………………………………33
私達はどのくらい見ているか？ ………………………………34
鏡のエクササイズ ………………………………………………34

レッスン2　からだを感じる　39

サークル …………………………………………………………40
マイムのエクササイズ …………………………………………41
グループワーク …………………………………………………45

レッスン3　マイム、鏡、雰囲気の変化　47

頭のエクササイズ ………………………………………………48
首のエクササイズ ………………………………………………49
顔のエクササイズ ………………………………………………49

鏡のエクササイズ ………………………………………………50
　　　グループでマイムをする ………………………………………50

▶レッスン4　道化師になる　　　　　　　　　　　55

　　　数字で集まれ ……………………………………………………56
　　　エクササイズ1　道化師を演じる ………………………………57
　　　エクササイズ2　リラクゼーションとビジュアライゼーション …58
　　　音楽を使ってマイムをする ……………………………………60

▶レッスン5　リードしたり、跡をつけたり　　　　　65

　　　エクササイズ1　リーダーをあてるゲーム ……………………66
　　　エクササイズ2　様々な動きの練習をする ……………………67
　　　エクササイズ3　短いリラクゼーションと
　　　　　　　　　　音楽に合わせてからだを動かす ………………68
　　　エクササイズ4　歩き回わる ……………………………………68
　　　エクササイズ5　リードしたり、後をつけたり ………………69
　　　サークル …………………………………………………………69

▶レッスン6　信頼関係　　　　　　　　　　　　　73

　　　ビジュアライゼーション ………………………………………74
　　　エクササイズ1　身を任せる体験 ………………………………76
　　　エクササイズ2　目隠し散歩 ……………………………………78
　　　サークル …………………………………………………………78

▶レッスン7　動きに焦点を当てる　　　　　　　　81

　　　ウォームアップ …………………………………………………82
　　　動きに焦点を当てる ……………………………………………84

サークル ………………………………………………………86
グループで即興をする ……………………………………………87
　　エクササイズ1　物を盗み取る動き ……………………………………87
　　エクササイズ2　互いに大切な物を持って歩く ………………………87
　　エクササイズ3　八百屋からフルーツを盗む …………………………87
　　エクササイズ4　意味をなさない言葉を使って演じる ………………90
　　発表 ………………………………………………………………91

▶レッスン8　支配と服従　　93

　　集中するためのエクササイズ ……………………………………95
　　ジェスチャー ………………………………………………………95
　　言葉による支配 ……………………………………………………95
　　動きを通した支配 …………………………………………………97
　　サークル ……………………………………………………………97
　　創造的に解決策を見いだす ………………………………………99

▶レッスン9　戦いと自由　　103

　　トンネル ……………………………………………………………104
　　リラクゼーションとビジュアライゼーション …………………104
　　マイムの即興 ………………………………………………………105

▶レッスン10　困難と内に秘めた強さ　　107

　　エクササイズ1　追いかけっこ …………………………………………108
　　エクササイズ2　困難な状況に立ち向かう ……………………………108
　　エクササイズ3　ネズミになる …………………………………………109
　　　　　「跳ぶネズミの物語」 ……………………………………110
　　エクササイズ4　小さなネズミから大きなものになる ………………116

サークル ……………………………………………………118

▶レッスン11　安定、騒動、決起　　119

　エクササイズ1　テコンドーのエクササイズ ………………120
　エクササイズ2　安定、騒動、決起を演じる ………………123

▶レッスン12　儀式の重要性　　129

　エクササイズ1　目隠しをしてパートナーを探す ……………130
　エクササイズ2　動きや音を当てる ……………………………130
　エクササイズ3　目隠しをしてサークルの中を歩く …………131
　エクササイズ4　音楽に合わせて演じる ………………………132
　エクササイズ5　特別な音のパターンで動く …………………132
　サークル ……………………………………………………132

▶レッスン13　いかにも力をもっているがごとく演じる　　133

　サークル ……………………………………………………134
　エクササイズ1　みんな魔法使いになる ………………………134
　エクササイズ2　大鍋で魔法をかける …………………………134
　エクササイズ3　互いの魔法を紹介し合う ……………………136
　エクササイズ4　毒を飲ませる場面を即興で演じる …………137

▶レッスン14・15　違いを体験する　　139

　エクササイズ1　醜い者達が身を守る …………………………144
　エクササイズ2　醜い者達が笑いを浮かべる …………………145
　エクササイズ3　醜い者達が歌を歌う …………………………145
　サークル ……………………………………………………145

パート2　ドラマと国語の授業を組み合わせる

『蠅の王』——喜劇と悲劇の違い ……………………………153
 導入 ………………………………………………………154
 エクササイズ1　観客が登場人物と一体感をもつことの重要性 …155
 エクササイズ2　ドラマチックな緊張感をつくり出す際に
       果たす登場人物の性格の役割 ………………156
 エクササイズ3　エクササイズ2の登場人物の延長 …………156
 エクササイズ4　ラルフとピギーの性格と、2人が求めるもの …157
 エクササイズ5　ドラマチックな緊張感をつくる際の強い
       敵の存在 ………………………………………158
 エクササイズ6・各登場人物の目的の重要性 …………………159

『影との戦い』 ……………………………………………………160
 エクササイズ1　あらすじ ………………………………………160
 エクササイズ2　主題 ……………………………………………161
 エクササイズ3　主題を基にしたマイム ………………………163
 エクササイズ4　欲張りを主題にしたマイム …………………164
 エクササイズ5　チャンツに合わせて歩き回る ………………166
 エクササイズ6　ネズミになる、ネコになる …………………166
 エクササイズ7　自慢しながら歩き回る ………………………167
 エクササイズ8　自分の影をクレヨンで描く …………………167
 サークル …………………………………………………………168

パート3　劇をプロデュースする

- 制約と限界 …………………………………………171
- 目的 …………………………………………………172
- 劇の三つの準備段階 ………………………………173
- 『真夏の夜の夢』の役を振り分ける ……………176
- エクササイズ1　向かい合って互いの目を見る …………177
- エクササイズ2　自己紹介の後には他己紹介 ……………178
- エクササイズ3　マイムで床掃除とウエーターを演じる …………178
- エクササイズ4　排除される体験 …………………………179
- エクササイズ5　「魔法」を扱ったエクササイズ ………179
- エクササイズ6　ドレスアップして踊る …………………179
- リハーサル …………………………………………180
- 声 ……………………………………………………181
- 意味 …………………………………………………181
- 人物の性格 …………………………………………181
- 読み合わせ …………………………………………182
- 劇のリズムを理解する ……………………………182
- まとめ ………………………………………………186
- 合宿 …………………………………………………186
- 午前中のセッション ………………………………186
- 午後および夜のセッション ………………………187

ドラマ・スキル
――生きる力を引き出す――

はじめに

　ドラマは、固有の教科としても、他の教科と統合する形で教えても非常に価値があります。私自身は、ドラマの真の価値は子ども達一人ひとりの「自分」を引き出すことにあると思っています。

　芸術は、単に創造的な表現の仕方を提供するだけではありません。芸術は、生徒達のものの見方や考え方を系統立てたり、形にしたりする方法も提供してくれています。

　芸術を創造性や自己表現と同一視するとらえ方は、主要教科を一所懸命に学ぶ代償として生徒達に提供される「息抜き」としての位置づけを与えてしまいました。さらには、芸術、中でも特にドラマは、主要教科のクラスにはついていけないような子ども達にとってこそ価値があると思われています。しかしながら、芸術の一つであるドラマは、独特の能力を使う活動なのです。[★1] ドラマおよびその他の芸術的な教科（ダンス、音楽、美術など）が科学的な教科よりも重要であるとはもちろん言いませんが、私は、同じレベルで重要であり、主要な教科として位置づけられるべきだと考えています。とはいっても、芸術、特にドラマがもっている創造性と表現の重要性を過小評価するわけにはいかないことも確認しておきたいと思います。

　私が所属しているコロワル中等学校の設立者であるギャリー・リチャードソン氏は、彼が書いた『自由のための教育』（Education for Freedom）の中でトータルな教育の二つの重要な点について強調しています。それは、人間が息を吸ったり、吐いたりするのと同じように、学ぶという吸収する過程と、表現するという吐き出す過程の重要性です。

　リチャードソン氏は、以下のように言っています。

★1　能力はもっと多様にとらえた方がいいことが、トーマス・アームストロング著の『マルチ能力が育む子どもの生きる力』（吉田新一郎訳、小学館、2002年）でよく分かると同時に、それらの多様な能力を養う具体的な方法が提示されています。

「創造性は、美術や音楽や詩を書いたりといったことに限定されるものではありません。創造性は、私達が行うすべてのこと、私達が意思表示をするすべてのものに何らかの形でかかわりがあるのです」

つまり、創造性は、学校で教えられているすべての教科とすべての授業で扱うことができるということです。テレビの前に座って、おとなしくそれを観ている子どもは創造的とはいえません。同じように、教室で椅子におとなしく座ることを強要されている生徒達も創造的ではありません。リチャードソン氏は自身の本の中で、一つのプロセスの両極端として位置づけられる「学び」と「創造性」の関係について説明しています。

「これら教育の二つの極は、人間の右脳と左脳がもっている機能に該当します。ほとんどの人にとって、左脳が通常の学びをつかさどっており、右脳は創造的で直感的な機能を果たしています。加えて、『脳梁（のうりょう）』★2という左右の脳を結び付けているものがあることも分かっています。これは、左右の脳と両方の活動を統合するための神経伝達物質を提供する役割をしています」

この本の狙いの一つは、学びの中で創造的な「遊び」の必要性を強調することです。何年間か教えた経験のある教師ならお分かりのように、意図的につくり出した創造的な「遊び」のないところでは、規則からはみ出した数々の「遊び」が生徒達によって実際行われるということです。生物の実験室で心臓などの臓器のモデルが飛び交ったり、教室の中をメモが回し読みされたり、机に落書きが描かれたり、教師を挑発したり、といったことは比較的創造的でない部類に入る「遊び」の例です。教える立場にある者はこうした事実を誰もが知っていますが、残念ながらほとんどの場合、こうしたことが子ども達が学んだり、活動的であろうとするための効果的な方法であるにもかかわらず、その価値を認めないで取り締まることだけで終わってしまっています。

以前、大富豪に「お金をなくしたとしたらどんな気持ちになるか」と聞いたことがあります。その人の答えは、「そのような出来事は新たな挑戦ができるチャンスだととらえ、ビジネスの世界が自分に興味をもたせて興奮させ続けているので、富

を築くまでにはそんなに時間はかからないだろう」というものでした。私は、ビジネスの世界で成功を収めている多くの人々は同じように答えると思います。ビジネスの世界が自分に興味をもたせ、興奮させ続けているので、彼らはリスクを冒して再度挑戦することを恐れないのです。彼らは、どうしてそのように行動できるようになったのでしょうか？

　私は、誰もが彼らと同じように振る舞うことのできる可能性をもっていると思います。ただ、現実の世界を生きていくうえにおいて、私達の中にある「遊び」の要素が踏み潰されてしまったか、あるいは地中に捨てられてしまったかのような気がします[★3]。

　ドラマは、この創造的な遊びを教える方法としてとても優れており、私はその目的のためにドラマを使っています。創造的な遊びと、おもしろい教師の間には大きな違いがあります。前者は、生徒達が主体的につくり出しています。それに対して後者は、役者としての教師1人が活発なだけで、生徒達はそれに反応するだけです。時には、これがより創造的な遊びに発展することもありますが、「それでは、勉強に戻りましょう」という形で終わる場合が多いようです。誰かが、どこかで、勉強と遊びを分けてしまうという、悲劇的な分け方をしてしまったのです。もちろん、他の世界で成功している人達と同じように、よい教師はそれは間違っているということを知っています。

　遊びについての一番大きな間違いは、遊んでいるときは集中力が欠如し、また遊びを通して学んだことは応用されることもない、というとらえ方です。本当の創造的な遊びには、信じられないぐらいの鍛錬と集中力が必要です。何人かで遊んでいる子ども達を観察してみて下さい。まず最初に気がつくのは、彼らがいかに集中しているかということでしょう。

　この本は、そのような遊びの要素をふんだんに取り入れることによって、活気が

★2　脳梁は、脳のほぼ中央に位置する「つ」の字型のもので、脳の左右の情報を連絡する神経の束のことです。左利きの人や女性の方が男性よりも脳梁が太いという説があります。脳こそが学びを司っている中心的な器官ですから、その機能について理解することは教える側の人間にとってはとても大切なことです。

★3　この遊びの部分について描いたものは絵本の中にたくさんあります。それを大人用に書いたもの、そして自分のやりたいことがやれるようにするための本として参考になる本として、クリスト・ノーデン－パワーズ著『エンパワーメントの鍵』（吉田新一郎訳、実務教育出版、2000年）を紹介します。

あって、創造力に富んだ学びの環境をつくり出すことを目的としています。

　もう一つの狙いは、ドラマが英語（日本の場合は国語）という教科の理解を促進する方法を示すことです。具体的には、小説の理解を深めるためにドラマがどのように活用できるかを紹介します。使う小説は、『蝿の王』（153ページ参照）と『影との戦い』（160ページ参照）です。同時に、ここでは教科としてドラマを扱う際にどのようなことを扱ったらいいのかも示しています。

　これまでの教育は、それぞれの教科が、あたかも固有の知識をもっているがごとくのように教えられるという教科中心主義をとっています。しかしながら、最近はこうした見方を見直す動きが強くなりつつあります。

　ニュー・サウス・ウェールズ州（州都・シドニー）の教育庁は、「幼稚園から高校までの教科、領域を越えた言語教育」という文書を出しました。その中で、これから言語を教える役割は、英語だけでなくあらゆる教科にあることを明記しています。この文書は、教科を教科たらしめていた根拠を揺るがすものでした。さらに、この文書はどのように学ぶかということや最終的な理解の評価の仕方も重視していますが、よりよい学びを確保するために、各教科間の相互のやりとりを可能にするための具体的な方法論についても踏み込む必要性があることをほのめかしています。

　上で紹介した文書で学びの過程のことを強調しているからといって、教える内容が重要ではないと言っているわけではないことも確認しておきたいと思います。カリキュラムを教科統合のアプローチで見るということは、教科を相互関係の枠組みとして捉えることを意味しています。

　本書では、ドラマを英語と統合する時にどのような可能性があるのかという点のみに焦点を当てますが、それは限定された範囲での統合でしかありません。そして、今後は理科や社会の教師達とも教科の枠を越えた合科の授業ができるようになることによって、よりホリスティック（全体的）な視点に立った教育が実現されると思っています。

　例えば、中学1年生がケルト[★4]のことを勉強しているとします。そこでは、当然、ケルトの文化についても学ぶことになります。さらに、ケルトの人々が描いた幾何学模様を見るだけでなく、その人々の生活の重要な部分を占めていた様々な形を体

現するために実際に描いてみた方がいいでしょう。また、そうした形が侵略者達によって葬り去られるのを、ローズマリー・サトクリフ（Rosemary Sutcliff、1920～1992）が書いた小説（例えば、『ケルトの白馬』灰島かり訳、ほるぷ出版、2000年）を読むことで子ども達の経験を深めることができるかもしれません。

　ケルトの詩や神話や物語を読んだり、ケルトのハープ音楽を聞いたりすることも、当然の帰結として求められるでしょう。と同時に、歴史的な事実を確認したり、目的に応じて言葉がどのようにつくられたのかを比較したりといったこともやらなければならないかもしれません。また、魔法やケルトの宗教の神秘性などは、それらをドラマチックに表現することで現在の私達の生活の中にある様々な儀式の大切さに新しい解釈を与えてくれることにもなるでしょう。

　このように、ドラマは生徒達に個人のレベルできわめて意味のある体験を提供することができるという素晴らしい特質をもっています。

　本書の「パート３」では、劇のプロダクションの過程を紹介します。この恒例行事は、それに参加する生徒達に計り知れない学びのチャンスを提供します。望む者は誰でも加わることのできるこの劇づくりに参加することは、自分達の最高のものをつくりだすことへのコミットメントを引き出します。まさに、自分達の演技に磨きをかける間の生徒同士の協力関係は、劇づくりに大きく貢献しています。

　この本の三つ目の狙いは、より多くの体験をし、自分自身のことや他人のことを理解することを助けることです。これは、しばしば「自己開発」ないし「人間形成」と呼ばれる領域においてきわめて重要なので、その要素はすべてのレッスンに取り入れました。これは、また即興で演じるものの多くが、神話や昔話など、はるか歴史をさかのぼる題材を扱っている理由でもあります。そして、それらの題材のプラスの面は、勇気、集中、発展、自由、受容、喜びなどを示してくれます。同時にマイナス面としては、恐れ、貪欲、限界、わがまま、差別、支配などを教えてくれます。

....
★4　ヨーロッパ西北部に広く住んでいた先住民族。今は、スコットランド、アイルランド、そしてフランスの一部にその子孫が住んでいます。ストーンヘンジなどイギリス各地に点在する、大きな石を丸く置いた石舞台のようなものも彼らが造ったものといわれています。しかし、何のために造られたものなのかは、いまだに解明されていません。

生徒達が、自分達の生活の中の問題について探るのを助ける方法はたくさんあります。私は、生徒達が実際に抱えている差し迫った問題を題材として演じる方法は意図的に排除しました。その代わりに、小さいときに誰もが聞いているような昔話や言い伝えと似た、上で述べたような題材を扱う方法を選択しました。こうした題材を扱うときは自分達の感情から離れることができるので、置かれている状況のおもしろさに気がついたり、自分自身の失敗をも受け入れることができるのです。自分達が身にまとっているものや、それに付随した感情などを引き剥がすことによって題材はより鮮明になり、問題をより受け入れられやすいものにするというのがこれまでの私の経験から言えることです。

本書はまた、「隠れたカリキュラム」★5の大切さも認識しています。生徒達が求めているものという観点からは、たとえ教師が最善の方法を選択して授業を行ったとしても、彼らにとっては必ずしもいい授業ではないということもあり得ます。

教師間および教師と管理職の人間関係は、学校で展開するすべてのものの基盤になっています。教師を取り囲む環境全体が教師をサポートするものであれば、教師によって表される姿勢や価値といったものが、授業で起こることの質や効果にも好影響を与えることになります。

レスリー・クリステン
ブラックヒース・オーストラリア

★5 「隠れたカリキュラム」は、時間割や教科書、学校やクラスのルール、あるいは先生がいつも大切だと言っていることなど「見える（ないし表面的な）カリキュラム」に対して、明言されることはなくとも学校の中で実際に行われている諸々のことをさします。例えば、時間割からは国語と算数・数学が大切であるということが「見えるカリキュラム」として分かります。しかし、教科書がおもしろくなかったり、教え方が下手だったりする（隠れたカリキュラム）と、生徒が学ぶのは「国語はおもしろくない」「算数・数学は嫌いだ」ということです。あるいは、先生が「みんなで協力することは大切です」と繰り返し言うとします。しかし、教室の中の机の配置がそれを可能にするようになっていなかったり、先生同士があまり協力的に物事に取り組んでいないことを生徒達が見てしまうと、彼らは先生がいつも言っていること（表面的なカリキュラム）よりも、実際に起こっていること（隠れたカリキュラム）の方から学んでしまうのです。それほど「隠れたカリキュラム」は恐ろしいものです。本書の33ページにも、その典型的な例が紹介されています。

パート1
レッスン

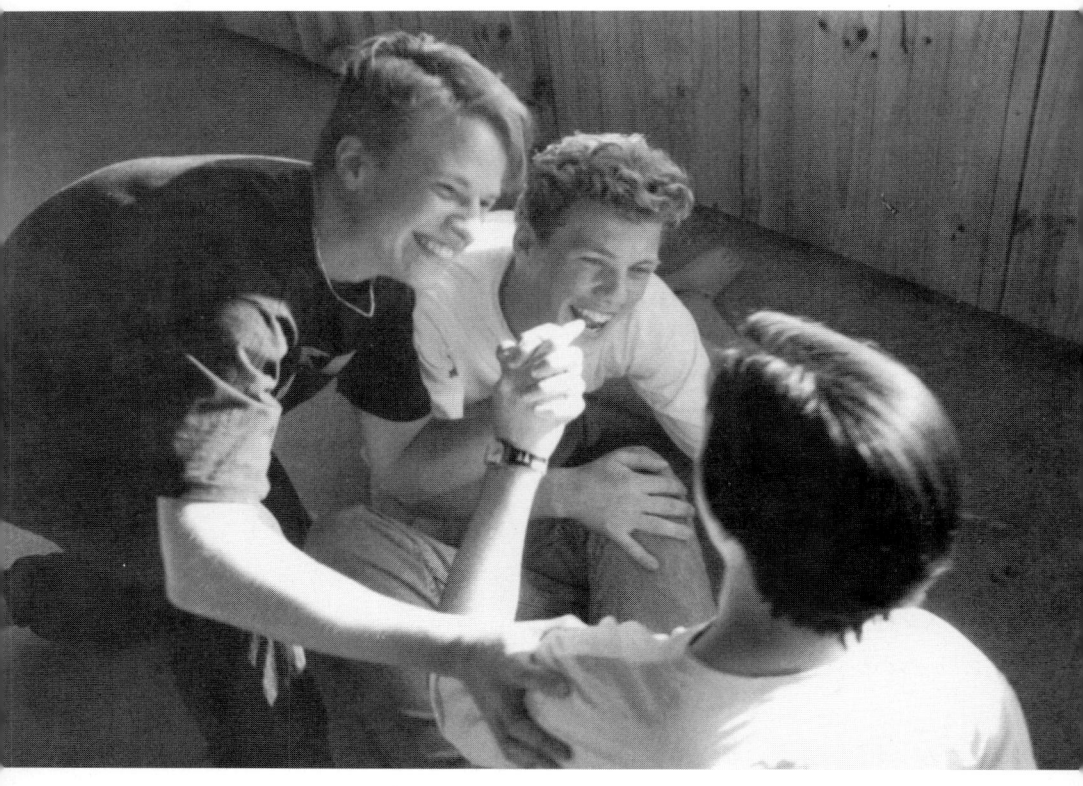

以下に紹介するレッスンは、徐々に難しくなるように配列してあります。なお、レッスン14までには、生徒達が集中や信頼などの概念をしっかり理解しておくことが、それ以降のレッスンの成否のカギを握っています。また本書は、私のきわめて個人的なドラマのとらえ方（＝人間をトータルなものとしてとらえるホリスティックな教育の観点）に基づいて書かれた本です。

　各レッスンをどのように展開したらいいかという点については、はっきりと明示したつもりです。だからといって、指示通りに展開する必要はまったくありません。レッスン・プランはきわめて柔軟です。教師や対象にしている生徒達によって、いろいろ応用して使っていただければと思っています。私にとってでさえ、一つのエクササイズにかける時間の長短は様々で、時と場合によっては、一つのエクササイズに1時間全部を費やしてしまうことさえあります。それは、リラクゼーションやビジュアライゼーションをしたときに特にそうです。

　しかしながら、各エクササイズに含まれている考え方は関連しあっているので、レッスンは最後まで実施した方が効果が上がることは申し添えておきます。基本的に、一つのレッスンにかける時間は50分としてあります。

*　なお、各レッスンの自己開発（人間形成）の側面は、斜体で示してあります。*

レッスン 1
からだを集中させる

最初の出会い
輪になって座る（サークル）
からだを集中させる：集中とリラックス
ルールを確立する
鏡になって動きを真似る

レッスン 1

　一番最初の授業で行うのに効果的なエクササイズを紹介します。それらは、生徒達を集中させるのに役立ちます。ここで言う「集中」とは、生徒達に自分のからだに気づけるようにすることです。私達は、自分達の注意をからだに集中させることによって、心を落ち着かせることができます。逆に、心を落ち着かせることができない場合は何をしても無駄かもしれません。私達が生徒達を集中させることはできません。もちろん、口ではいくらでも言えますが、生徒達が本当にそれに従うかどうかは別です。私達にできることは、生徒達が集中できるように助けることだけです。実際、細々と指示するのではなく、方法を提示するだけで生徒達の変化を起こせたときに、私達教師は自分達の教え方に満足し、成功したと思えるようです。

　とは言っても、教える立場にある自分と学ぶ立場にある生徒達とのギャップに悩んでいる教師は少なくないのではないでしょうか。この問題を解決する方法として考えられるのが、生徒達と本当に向き合うということです。しかし、具体的にはどうしたらいいのでしょうか。特にそれが、試験教科でないドラマのような場合に。

　何よりも大切なのは、ドラマを学ぶことは個人のレベルでも、社会のレベルでも大きな意味と価値があるという教師の思い入れではないかと思います。教師がそのような強い思いをもっていれば、それは生徒達に自然に伝わっていくものではないでしょうか。

最初の出会い ── *自己紹介し、自らの興味・関心を共有する*

　私がまず最初の授業で行うことは、生徒達と同じ目線で座ることです。床に、丸くなって座ります。簡単に全員が自己紹介をした後に、一人ひとりが何に最も関心があるのかを話してもらいます。みんなに、他の人が何に関心があるのか、注意して聞くように言います。今は言いたくない人には、パスをしてもいいように言います。

レッスン1

この最初の段階で、私の関心のあることを生徒達と共有するのです（教師が自らの関心を最初に話した方が、生徒達は言いやすくなるでしょう）。全員が話し終わったら、パスした人に、話したくなったかを聞いてみて、みんなが言ったことを振り返ってみるように言います。しばらくして、生徒達が言ったことを踏まえながら、このクラスではいろいろと楽しいことをみんなで一緒にすることを伝えます。

　特に強調することは、自分自身や自分の気持ちを発見したり、再発見すること、そして一緒に協力してつくり出すチャンスがたくさんあることです。それを可能にするためには、全員が自分は攻撃されることなく、守られているんだという安心できる雰囲気と、ルールのようなものが必要です。それらについては、エクササイズをやった後に話し合います。これで最初の出会いは完了したので、次はからだを動かし始めます。

エクササイズ——*肉体的にも、精神的にもリラックスする*

　これらのエクササイズをするときは、私はいつも静かな音楽をかけます。喜多郎やS.E.N.S.(センス)やエンヤなどのニュー・エイジ系の音楽が最適ですが、他にもいい音楽はたくさんあります。ぜひ、皆さんなりの音楽を探して下さい。

　これらのエクササイズをするときは、教師は全員の前に立ちますから、からだの動きが不自然な生徒の存在をすぐに知ることができます。また、エクササイズをするときは、ゆっくりやることが大切です。そうすることによって、生徒達に自分のからだのことについて気づかせることが容易になります。生徒達は自分のからだをゆっくりと動かすことによって、よりリラックスでき、集中できるようになるのです。

からだを集中したり、リラックスするエクササイズ
❶**足をそろえて、息を吸う**——腕を頭に上に伸ばしながら上体をそり、爪先立ちになりながら息を吸う。息を吐きながら腕を元に戻す。
❷**足を肩幅に広げて、息を吸う**——腕を肩の高さまで上げ、そこで止めてできるだけ伸ばす。腕を元に戻しながら、息を吐く。

❸**足は肩幅のままで、息を吸う**——右手を左肩にもっていき、左手は手のひらを外側にしながら右の腰の上の置き、頭は左を向く。そのポジションをしばらく保ったあと、息を吐きながら頭をまっすぐ前に戻す。息をゆっくり吸ったあと、今度は左手を右の肩にもっていき、右手は手のひらを外にしながら左の腰の上に置き、頭は右を向く。そのポジションをしばらく保ったあと、息を吐きながら頭をまっすぐ前に戻す。

❹**足は肩幅のままで、からだを左右に動かす**——からだの上体を左右に動かす。腕もからだの動きに合わせて振る。

❺**まっすぐに立つ**——足は肩幅のまま、上体は前を向いている。腕を左右に広げる。徐々に膝を折り、腕を前に下ろしながら息を吸う。そして、床に落ちている何かを拾うような動作をする。今度は、腕をからだの前を通りながら頭に上までもっていく。最後に、腕をからだの左右の位置に戻すときに息を吐く。これらの動きが流れるようにできるように10回続けてみる。

❻**床に仰向けになり、膝を抱える**——背中全体で床を感じる。ゆっくり動かしながら、肩から腰まで床に触れるようにする。少なくとも5回は繰り返す。

❼**からだを揺らす**——前の状態のまま、今度は前後にも左右にも交互に揺らしてみる。

❽**膝を抱えて座る**——膝を抱えたまま、頭を前にかがめて肩まで倒れ込み、その後10回ほど前後に揺らす。最後は、少し勢いをつけて元の姿勢に戻る。

❾**床に仰向けに寝る**——お尻でバランスをとって、からだをVの字に起こす。そのとき、腕はつま先の方に向けながらまっすぐにする。

❿**床に仰向けに寝る**——膝を立て、手でかかとを持ってブリッジをつくってみる。10を数えるまでその姿勢を保ち、元の姿勢に戻る。

⓫**腹ばいになって寝る**——手は太股(ふともも)の脇に置いて、支えとして使う。片方の足を後ろにそりながら上げ、10を数えるまでその姿勢を保つ。数えたらゆっくり戻し、足を交代してやる。最後は、両方の足を一緒に上げて10まで数えて元に戻す。

していいことと、いけないこと

　エクササイズが終わったら、再び床に丸くなって座ります。私は、床にみんなで車座に座る方が好きなのですが、これには好き嫌いがあると思います。でも、この座り方には、いつもの椅子に座っている教室の雰囲気から私達を解き放ってくれるという利点があります。椅子から放れ、床に座るというだけで、普段の教室がもっている雰囲気から私達を解放してくれます。

　私は、授業中に友達の注意を引くためにはどんなことをしているかをみんなに尋ねます。すでに、この授業が始まってから使われた方法もあるかもしれません。押したり、引いたり、アイコンタクトをとったり、相互にニコッとしたり、変な顔をしたり、からだで表現したり（ボディ・ランゲージ）といった具合です。これらの方法はすべて、今私達がしようとしている自分に出会ったり、再発見したり、創造的に何かをつくり出そうとする努力を阻むものであることについて話し合います。なお、この話し合いをするときは、一方的に決めつけるような雰囲気があったら逆効果となります。権威によってすでに答えが決められているように生徒達が感じたとしたら、彼らは言っていることと実際にしていることのズレを鋭く読み取ってしまいます。

ルール

　ある程度の合意が得られたら、それを可能にするためのルールを私の方から説明します。
　①他の人のしていることを、突いたり、アイコンタクトで合図したり、笑ったり、音を立てたりして邪魔をしない。
　②エクササイズをしているときは、求められないかぎり話をしない。

　その後に、大切な鍵となる言葉の説明をします。それは、「フリーズ（凍り付いたように、その場で止まること）」と「リラックス（からだを楽にすること）」の二つです。「フリーズ」はドラマの授業では使われすぎている言葉で、間違ってもク

ラスに規律をもたらせる方法として使ってはなりません。

　授業を始めるときに静かにさせるために、それを必ず使う教師を私は知っています。そんな使い方をしたら、この言葉は子ども達の創造力を振り返るために使われるのではなく、自分達をコントロールするための手段であるというメッセージを発信し続けることになってしまいます。

　創造力のある使い方の例としては、生徒達は自分がつくり出したシーンの最後の部分でフリーズをすることが挙げられます。そうすることによって、見ている者に最後の動きを含めて思い出しやすくします。

　「リラックス」は、たいてい「フリーズ」と一緒に使われます。クラス全員がある動きをしているときに「フリーズ」と言われた後に、その状態から解放させる言葉です。このフリーズした状態から解放する合図をあらかじめ一つ決めておくと、生徒達は混乱しないのでいいでしょう。

私達はどのくらい見ているか？

　私達は、普通、自らの観察力をどれくらい使っているか（あるいは、使っていないか）を気づいていません。そのことに気づくためのエクササイズを一つやってみましょう。誰か１人に、教室のどこかに落ちているものを拾って、それをちゃんとあるべき所に置いてから自分の席に戻るように言います。誰にも、何故そのようなことを頼んだのかは知らせません。次に、他の誰かに今したことと同じ動作をしてもらい、クラスの残りの者には、それがどれだけ正確にできたかを観察するように言います。２人目が席に戻ったら、その動作に対するコメントを本人も含めてみんなから出してもらいます。

鏡のエクササイズ──*もう１人と一緒にする*

　これは、上のエクササイズの延長ですが、今度は全員が参加します。２人１組になって、向かい合って座るように言います。１人の生徒が先にリードします。もう１人の生徒は、その動きを真似ます。リードする生徒は、音楽に合わせて手を動か

します。

　3種類の音楽を流します。最初の曲はとても叙情的でゆったりとした曲です。この曲なら真似する生徒もリードする生徒の動きに確実についていけるし、互いに集中できる関係を壊さずに済むというスピードです。2曲目は少し早くなり、すべてを真似することが困難になるスピードです。3番目の曲は繰り返しの多い曲です。繰り返しが多くても、ついていくのは大変かもしれません。

　私が使う曲は、例えばニュージーランド人のニュー・エイジ系のミュージシャンであるデービッド・パーソンズ（David Parsons）の『Sounds of Mothership』、バッハの『ブランデンブルク協奏曲』、ヴァンゲリスの『南極物語』（1983年）などです。

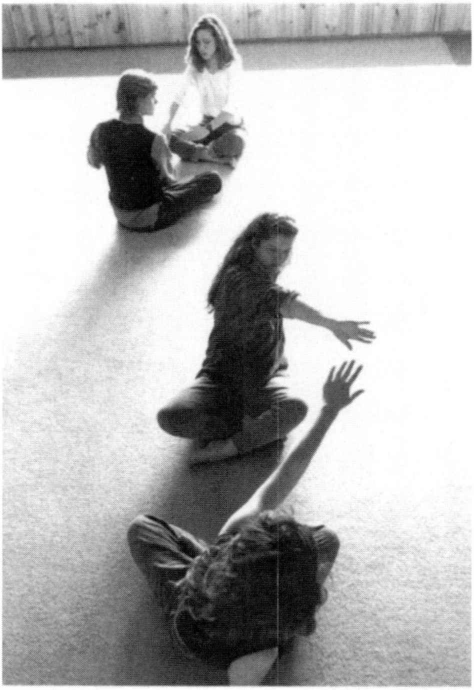

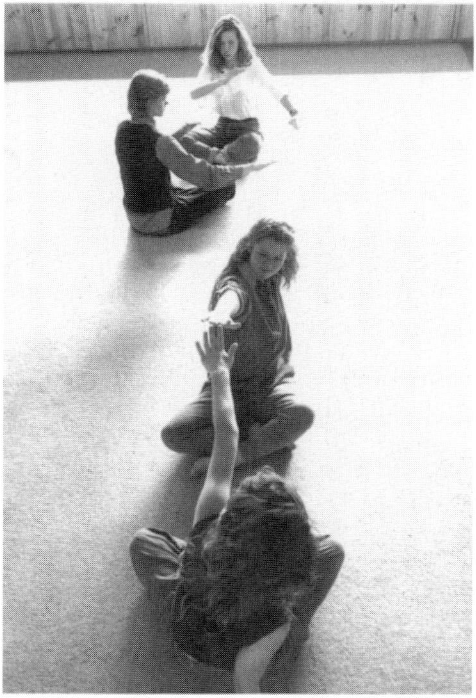

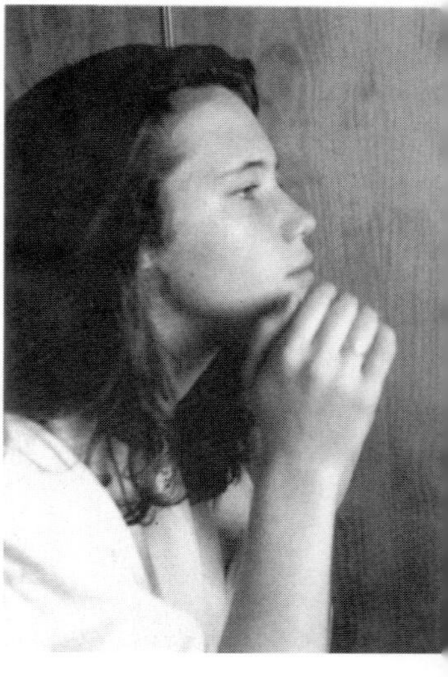

レッスン1　37

レッスン 2
からだを感じる

サークル
マイムと多様な動き（軽い、重い、緊張感のある）
グループで象徴となる形をつくる

▶ レッスン2

サークル

　授業を始めるときは、ほとんど必ずと言っていいほど丸くなって座るところから始めます。この「サークル」は時がたつにつれて重要性を増し、一緒に丸くなって座ることが落ち着いた雰囲気をつくり出すようになります。まだ2日目ですから、みんながお互いを知っているかどうかを確認するところから始めます。もし、まだ全員が知り合っていない場合はゲームをします。このゲームは、サークルのどこから始まってもかまいません。1人の生徒に自分の名前を言ってもらいます。次の人には、前の人の名前と自分の名前を言ってもらいます。この調子で最後までいき、最後の人は全員の名前を言わなければなりません。

　若干複雑化したゲームをすることもできます。今度は、丸くなったまま全員が立ちます。誰か、最初の人は他の誰かの名前を言って、その人の所に行きます。呼ばれた人は、他の人の名前を言ってその人の所に行く、といった具合です。これをするときは、ある程度のスピードでやらなければおもしろくありません。

　もし、お互いをすでに知っている場合は、ゲームのやり方を変える必要があります。そのときは、各自が自分の花（あるいは動物でもいい）の名前を決め、サークルの状態のままで1、2回他の人が分かるようにお互いの花の名前を言い合ってから、上のいずれかのゲームをします。

　ゲームでお互いのことを知り合え、かつ和んだ雰囲気をつくり出せたら、サークルでする本来の活動に入ります。

　「今、どんな気持ちがするか？」を言ってもらいます。突然、こんな質問をされて戸惑う生徒もいるかもしれません。まだ授業が始まって最初のうちですから、生徒達が自分の気持ちを本当に言うとは思っていませんが、自分の気持ちに敏感であることの大切さに気がついてほしいですし、教師の中にもそのことに関心をもって

いる者がいることを知ってほしいのです。

　このエクササイズの中で言われたことを踏まえて、授業の流れを変えることもあります。生徒達のそのときの気分や、生徒達がもっているエネルギーが、私が準備してきたものとは違うことを求めていると感じることもあるからです。しかし、この段階ではそんなことになるとは思えません。

　いずれにしても、一人ひとりの生徒が言うことには注意をして聞き、どんな些細なことでも聞き逃さないようにしたいものです。そうしないと、言っていることと実際にしていることのズレが生じてしまいます。

　レッスン1ではルールを設定し、レッスン2では扱う内容について紹介することが目的です。

　内容には、マイム[★1]、動き、即興、ゲーム、信頼関係を築くエクササイズ、リラックスするエクササイズ（レッスン1で行った）などが含まれます。ときには、サークルになった経験を共有したり、話し合うこともあります。

マイムのエクササイズ──*異なるからだの動きを体験する*

　このエクササイズには、太鼓とトライアングルなどの打楽器を使います。始める前に、エクササイズをしている最中には一切話をしないように言います。

　まず、太鼓を叩き始め、生徒達には歩き始めるように言います。徐々に強く叩き始め、だんだんからだが重くなっていることを告げます。そして、みんな何か重いものを担いでおり、それを取り去ることはできず、太鼓が叩かれるごとに重さはさらに増している、と説明します。あまりにも重過ぎて、もはや立ったまま歩けなくなってしまったと言います。さらに太鼓を強く叩き、今では地面を這いつくばってしか前に進めないことを告げます。

　「重い」という言葉を繰り返すことによって、からだが徐々に重くなっていることを強調します。

★1　マイムないしパントマイムは、言葉なしで演じることです。話さないで、ジェスチャーやからだの動き、あるいは顔の表情でコミュニケーションを図ります。

重い

軽い

最終的には、あまりに重過ぎて動くことができなくなってしまいます。みんなは、前に進みたいのに進むことができません。太鼓を強く叩きながら、全員が重さに耐えながらも前に進もうと努力しているかどうかをチェックします。全員が本当に捨闘しているのを確認したら、太鼓の音を少しずつ軽くし始めます。私の声も少しずつ和らげ、背中に担いでいる荷物が軽くなっていることを告げます。「軽い」という言葉を繰り返しながら、生徒達が徐々に膝から足で立つのを見届けます。そして、生徒達がかなり軽々と歩き始めたら、トライアングルなどの軽い音に変えます。

　以下の部分は、話を一切せずに行います。
　生徒達に、「軽い」という感じに敏感になるように告げます。生徒達には、からだが「重い」という気分から「軽い」という気分までを、場所を移動せずに体験してもらいます。私は、からだの部分部分の名前を言いながら、それらが軽くなっていくことを告げるのです。生徒達は、目をつぶって立ち、からだの全部分が呼ばれた後で目を開けてもらいます。

　次は、あたかも宇宙飛行士にでもなった気分で、部屋の中をフワフワと漂うように動き回ってもらいます。その際、自分以外の人のことは考えないように言います（ただし、この種の動きになれていない場合は部屋の中を自由に動き回ることは難しいので、自分が立っている位置から数歩ずつだけ動くように言います）。用意ができたら音楽をかけます。この動きをするときにいい音楽は、フランスの世界的シンセサイザー奏者のジャン・ミシェル・ジャールなどのリラックスする音楽です。

　さて、いよいよ最後の段階の動きです。ここでは、再びトライアングルなどの楽器を使います。生徒達には、床の底から変なもの（それが、生徒達のことを襲うほどのものではない）が飛び出してくる状況をイメージさせます。生徒達は、それらを避けながら部屋の中を歩き回ります。生徒達が緊張しながら歩き回っている状態で「フリーズ」させ、からだの状態に気づかせます。

グループワーク —— グループで協力する体験

最後にしたエクササイズを全員で振り返ります。

クラスを4人1組のグループに分け（教師の私がグループ分けをする場合が多いです）、自分達がした動きの中からどれかを決め、4人で協力して一つの象徴となるフォーム（形）をつくってもらいます。以下の、三つの中からグループは選べます。

①重さを感じたとき
②軽さを感じたとき
③緊張を感じたとき

これは私と行う最初のグループでの活動なので、まだ与える課題は簡単なものにとどめておき、動きを伴わないものにしてあります。でも、とてもおもしろい形が表現されることがあります。

宇宙飛行士のように軽い

緊張感を味わう

レッスン 3
マイム、鏡、雰囲気の変化

マイムの要素を紹介するエクササイズ
鏡の動きの発展
グループでするマイムで雰囲気の変化を表す

レッスン 3

　授業が始まるとき、全員に私が見える所に座るように言います。
　今日の授業は、からだの部分部分をバラバラに感じることのできるエクササイズから始めます。その目的は以下の二つです。
　　①マイムをするときに必要なからだの動きを理解するため
　　②生徒達の集中力を高めるため

　マイムは、言うまでもなくからだが唯一の表現方法です。したがって、マイムをするためにはからだの可能性を理解し、それを自由自在に操れるようにすることが必要となります。

頭のエクササイズ

❶**頭を縦に振る**——単純に、「ハイ」と頭を振るだけです。クラスの全員が首だけを振っているのを、確認し合います。
❷**横の動き**——今度は、「イイエ」の頭の動きです。動きはゆっくりとやります。あまり、強く回しすぎないように言います。
❸**横に振る動き**——「そうかもしれない」という頭の動きです。これは、首を基点にして頭を横に揺らす動きです。鼻や口のあたりはほとんど動かず、まっすぐ前を向いたままです。

　次のエクササイズに進む前に、頭と他のからだの部分との間にある首のことについて簡単に触れ、私達が頑固（stiff-necked＝首が固い）というとき、どんな意味があるのかを生徒達に尋ねます。
　生徒達に、2人1組になり、顔を向き合って座るように言います。あぐらをかいて座り、膝と膝がほとんどぶつかるぐらいの距離で座ってもらいます。距離が近い

ことで「協力する」という気持ちを高めることになります。離れて座ると、「一緒にするんだ」という気持ちが薄れやすくなります。

首のエクササイズ──*感情をからだで表す言葉を理解する*

❶肩を上げ、頭を下げることによって、首の部分をなくすようにします。
❷次は、首を徐々に伸ばしてあたかもキリンになったかのようにします。
　「優雅で、背が高くなったような気はしませんか？」
　首の位置を上げ下げすることで、私達が何らかのメッセージを発信していることに気づいてもらいます。
❸今度は、首を後ろに引いたり前に出したりを、交互にするように言います。前に出すときは、少し攻撃的な感じで。生徒達は、首を後ろに引いたときに、気分も後ろに引いていることに気がつくかもしれません。
❹このように首を前後に動かしたりすることによって、その上にある頭も動かしていることに気づきます。もちろん、実際に動いているのは首だけです。頭はまったく動かさずに、首の上にのっているだけです。

顔のエクササイズ

　次は、言われた通りに顔の一部を動かしてみます。生徒達は、依然、2人1組で向かい合って座ったままです。私は、以下の順番で顔の部分を言っていきます。
　　①おでこを緊張させて。はい、今度はリラックスさせて。
　　②鼻を右に左に動かして、鼻孔をすぼめて。はい、リラックスして。
　　③あごをできるだけ下にさげて、口を大きく開けるように。
　　④唇を閉じたまま笑顔をつくって。顔の筋肉の動きを感じて。
　　⑤まゆげを可能なら一つずつ上げて、それから両方一緒に。そして、リラックス。
　　⑥目をできるだけ前に出して、まつ毛もできるだけ開いて。はい、リラックスして。

鏡のエクササイズ──*異なる感情表現に気づく*

　このエクササイズに入る前に、からだ全体を動かしておくことが大切です。そして、このエクササイズをするときは集中する必要があります。(37ページの写真を参照)

❶先ほどと同じように、2人1組で向かい合って座ります（ペアは、変えた方がいいかもしれません）。片方の人が本物になり、もう1人が鏡の中の役を演じます。最初に本物の役になった人は、鏡の前で顔を洗い、歯を磨き、ひげを剃るかメイクアップなどをします。

❷本物役と鏡の役を交代します。

❸今度は、同じような動きをするのですが、怒っていたり、うれしかったり、悲しかったり、誇らしげだったり、几帳面だったり、注意深かったりといった異なる性格を表しながら演じてみます。

❹さらには、途中でムードを変えてみます。本物役の人は、最初は怒っていたのに途中で幸せな気分になってみたり、あるいは最初の方では注意深かったのに途中からいい加減になってみたりします。

グループでマイムをする

　これをするときは、一切話をしないことを事前に確認した方がいいでしょう。

　生徒達を、2人ないし3人1組にします。大きなマントを部屋の真ん中に置き、それを「魔法のマント」と呼びます。グループがマントの所にやって来たら、それまでのムードは一変し、グループ間の人間関係も変わります。例えば、マントに出会うまでは、どこかに遊びに行くのでとてもウキウキした気分だったかもしれません。落ちているマントが何なのかを見てみることにしました。それは、今までに見たことがないものでした。一人ひとりが順番にそれを見るのですが、見ることによって雰囲気がガラッと変わってしまうのです。この変化は、マントがもっている邪悪な要素によるのかもしれません。

　このエクササイズをするときは、ゆっくりと演じた方が効果が大きいでしょう。

生徒達には、しばらく練習する時間を与えます。そうしたら、他の生徒達を観客に見立ててグループごとに順番に演じていきます。見ている側には、温かくかつ注意深く見る姿勢が重要となります。

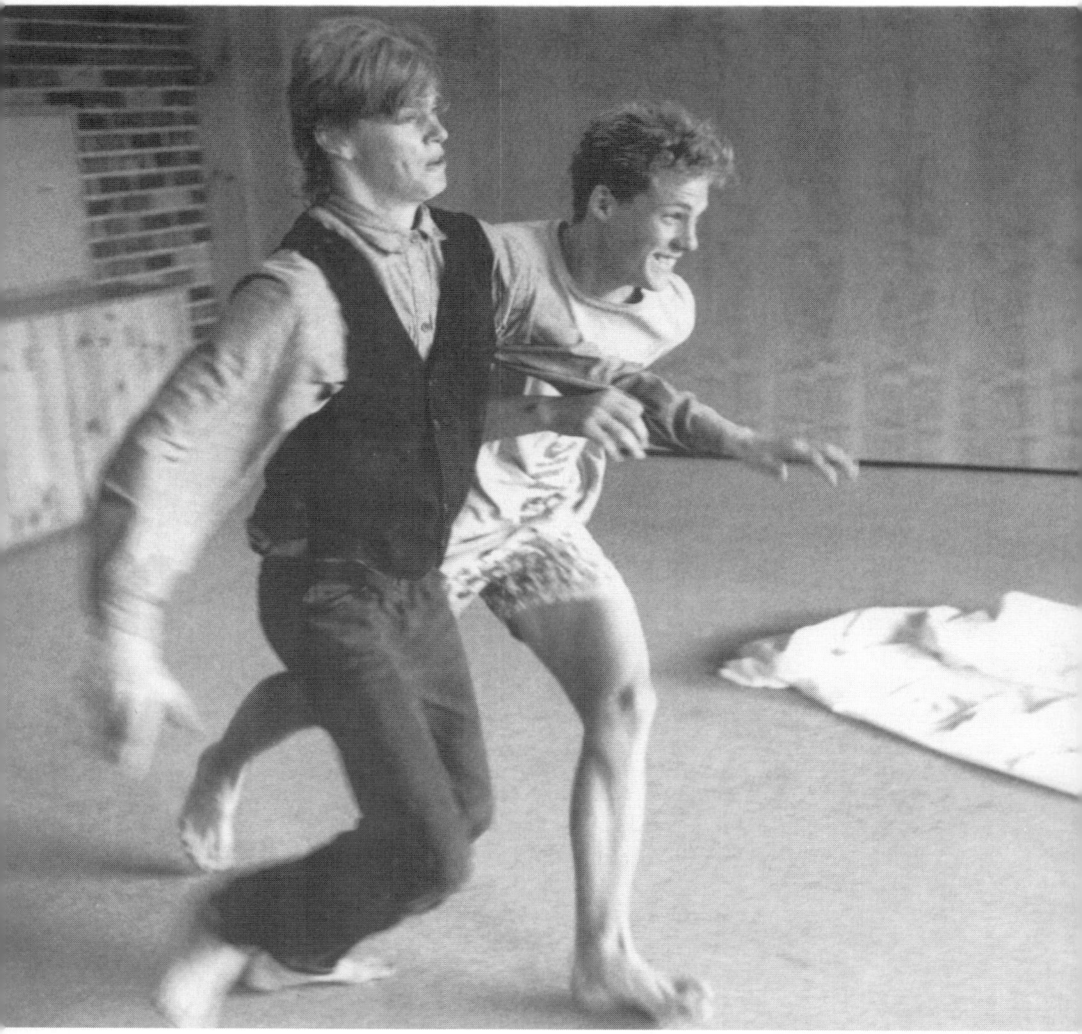

レッスン3　53

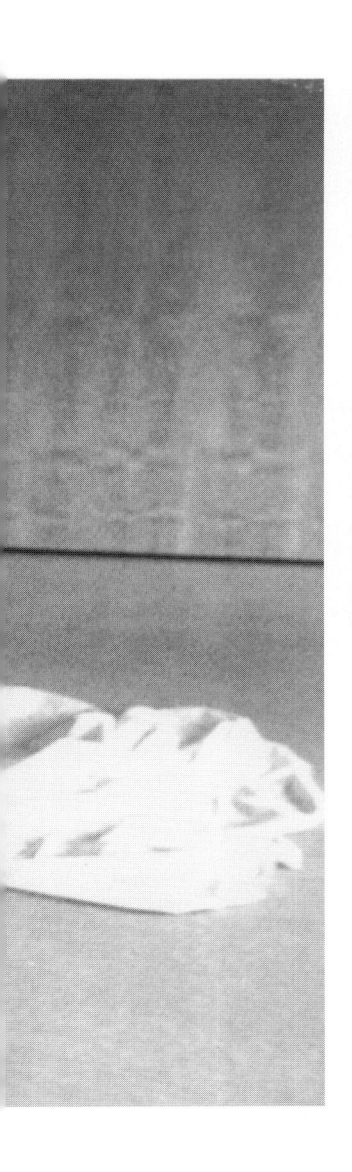

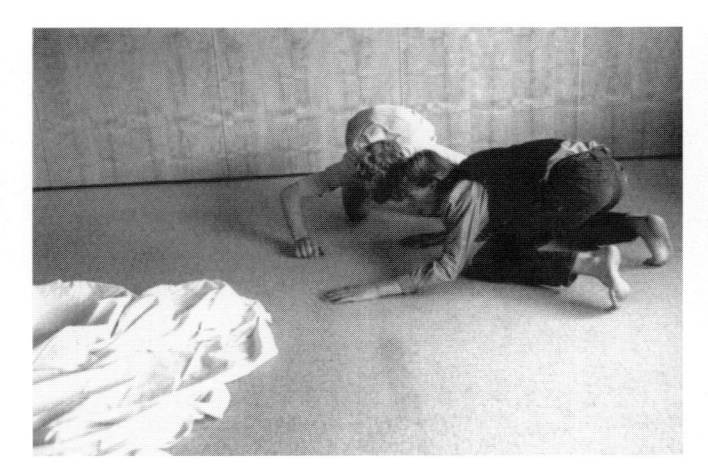

レッスン 4
道化師になる

道化師の動き
サーカスの出来事をビジュアライゼーション(視覚化)しながらリラックスする
道化師を2人で演じる

レッスン 4

　今回の授業も、マイムの原則を使います。したがって、どのエクササイズをするときも話すことは許されません。

数字で集まれ──*仲間になる体験、仲間はずれになる体験*

　ウォームアップとしてするゲームはだいたい笑いを誘うものが多いのですが、それは生徒達の緊張感を解きほぐし、内容に入っていく準備として役立ちます。ここでするゲームは、誰にも触ることなく部屋の中を走り回ることから始まります。

　「触らない」、「話さない」というルールを守ることは、何人かの生徒にとっては難しいことかもしれません。誰かルールを破った者がいるときは、ゲームから出して残った生徒達がルールを守れるようになるまで見届けます。すぐに破ってしまう者がいない方が協力しやすいからです。場合によっては、ゲームの間中、ある生徒を入れさせないことになるかもしれません。でも、ほとんどの場合、生徒達はこれぐらいは簡単にやってのけられます。

　生徒達が走り回っているときに、私が数字を言います。生徒達は、できるだけ早く言われた数字のグループをつくらなければなりません。言われた数字はグループの人数を意味しています。つまり、「3」と言ったときは、みんな自分以外の2人と一緒にならなければならないわけです。最初は、誰も仲間はずれにならないように、あらかじめ計算して数字を言うようにしましょう。もし、クラスの人数が28人のときは、「4」とか「7」を言うわけです。最初は、みんなが仲間に入れるという感覚を味わうところから始めた方がいいと思います。そして、言われた数字で仲間に入れなかった生徒達は、徐々にゲームから出ていかなければなりません。1回ごとに、数字が言われるごとに集まれなかった生徒が出るので、ゲームを続けられる生徒の数は徐々に減っていきます。生徒が2人しか残らなくなった時点でゲーム

は終了です。

　グループをつくるときは友達同士が集まる傾向が強いので、それを避けるために生徒達に「A、B、C」というアルファベットを与え、グループをつくるときは少なくとも二つのアルファベットが必要なようにルールを設定します。さらには、数字が言われるまでの間にする動きも変えます。最初は走っているのですが、次のエクササイズで行う道化師のときに役立つ動きを取り入れていきます。

　①巨人のように歩く
　②片足飛びをする
　③高く飛び跳ねる
　④お尻をつけて動き回る
　⑤回転する
　⑥スキップをする
　⑦鳥のようにかがみながら踵(かかと)だけで歩いたり、つま先立ちで歩く
　⑧床の上を横になって回転する（人数が少なくなってからでないと、やらない方がいい）

エクササイズ 1 道化師を演じる —— *創造的な演技*

　生徒達を 2 人 1 組に分けます。そして、2 人は綱渡りをしている道化師達だと仮定して、床にロープが引かれているとイメージして、その両側から近づいていると言います。片方がバランスを失って落ちそうになり、もう 1 人もそれにつられてバランスを崩し、よろめいた後に結局 2 人とも落ちてしまいます。そして、後で落ちた方が先に落ちた方を追いかけ始めます。

追いかけるときのルール
　①誰も、部屋の中にいる他の人に触れてはいけない。
　②音を立ててはいけない。興奮して声を出してしまうことがあるので、事前にそれを注意し、追いかけることに集中するように言う。
　③膝から下を高く上げることによって、自らが道化師なんだという意識をもつ。

④顔の表情にも注意するように言い、走っているときには大きな口を開けるように言う。

　今度は、同じペアのままで、2人でたくさんの水が入ったバケツを担いでいると仮定します。片方がつまづいたせいで水がこぼれ、もう一方が濡れてしまったという設定で、後者が前者を追いかけ始めます。

エクササイズ 2　リラクゼーションとビジュアライゼーション

　追いかけっこを2回もやったので、おそらくみんな息が切れていることでしょう。よって、全員を床に座らせてリラックスする用意をさせます。

リラクゼーション（リラックスする）
　生徒達は以下のことをします。
①足を少し開いて横になり、からだは真っ直ぐにします（からだをリラックスさせるために、足の先は上を向いた状態ではなく、横に開いた状態にします）。
②目を閉じて、口をリラックスさせます。ということは、顎（あご）をリラックスさせ、口は少し開いた状態になるということです。
③手はからだの横に置きます。でも、からだには触れないように手にひらを上にしておきます。

　もし、必要があれば音楽がかけられるようにCDかテープのプレーヤーを用意しておきます。準備ができたので、言われたからだの部分部分に焦点を当て始めます。頭の方から始めます。

　まず、目をリラックスして下さい。右の目、左の目、鼻、右のほお、左のほお、右のまつげ、左のまつげ、おでこの右側、おでこの左側、そして顎をリラックスして下さい。顔全体をリラックスして下さい（徐々に、ゆっくり言うようにします。言っている自分自身がリラックスしているかどうか、気をつけながら言うようにします。自分の声に緊張感はないか？　もし緊張感を感じる場合は、自分が言ってい

る顔の部分を自分もリラックスさせます)。頭の次は、以下の順番でからだ全体をリラックスさせていきます。

右の肩 → 腕 → 手首 → 肘(ひじ)

　手のひらをリラックスさせ、手の裏も、親指、人差し指、中指、薬指、小指もリラックスします。右の腕全部をリラックスさせて下さい。
　次は、左の腕をリラックスさせるために、右と同じ順に言っていきます。それが終わったら、今度は背中をリラックスさせていきます。まず、背中の右側をリラックスさせます。次は左側です。背骨をリラックスさせます。背骨が床の一部になってしまったかのようにゆったりさせて下さい。背中の、そっている部分をリラックスさせて下さい。腰の右側、そして腰の左側もリラックスさせて下さい。そして、背中全体をリラックスさせます。
　次は足です。右の太もも、右ひざ、ひざの後ろ、すね、ふくらはぎの筋肉をリラックスさせます。さらに踵(かかと)です。今度は足です。足の甲を、足の裏をリラックスさせます。次は足の指です。親指、人差し指、中指、薬指、最後は足の小指をリラックスさせ、そして足全体をリラックスさせて下さい。同じことを、左側の足についても繰り返します。
　からだ全体をリラックスさせて下さい(必要を感じたときは、もう一度最初から繰り返しやって下さい。そのときもからだの各部分を順番に言っていくわけですが、その際に「リラックス」を「軽く」に置き換えて言っていくといいでしょう)。

ビジュアライゼーション（視覚化する）

　生徒達に、以下のストーリーを聞かせます（ストラビンスキー［1882〜1971］の『ペトルーシュカ』の音楽を使います）。

　大きな青色のテントがあります。中では、たくさんの人がショーの始まるのを待っています。光線がテントの中を照らし始めました。テントの中には、おが屑のにおいが充満しています。2人の道化師が登場しました。1人はデブ、もう1人はノッポです。2人がぶつかって転んでしまいます。ノッポがはしごを上り始めました

が、追いかけて上ろうとしたデブは足を何かに取られてしまい動けなくなってしまいました。ノッポはそれを助けようとしますが、逆に、デブのパンツをはしごに結わえつけてしまいました。デブがパンツを引っ張ると破けてしまい、怒ったデブはノッポを追いかけますが、ノッポに何回も転ばされてしまいます。

　しばらくしたら、ノッポは悪気のなかったことを説明し、2人は仲良くなってダンスを踊り始めます。デブがやっと幸せな気分になり、リラックスしているときに、ノッポがデブを水の入ったバケツでつまずかせて水びだしにさせてしまいます。怒ったデブは、再びノッポを追い掛け回します。

　今度は、ノッポが子犬になったふりをします。それを見たデブは、撫でる振りをしながら実は強く足で蹴っ飛ばしました。今度は、ノッポがデブを追いかける番です。はしごの下、火のついた輪っかの中などを2人は追いかけっこをします。そして、2人のパンツに火がつき、それぞれ退場します。

　ビジュアライゼーションのストーリーが終わったところで、生徒達には自分達はいま床に寝ていることを思い出させます。深呼吸をして、からだを伸ばすように言います。そして、目を開け、ゆっくり座るように言います。

音楽を使ってマイムをする

　生徒達は2人1組に分けられ、音楽に合わせたマイムをつくり出します。マイムの中では、以下のいずれかが含まれていなければなりません。上る、ロープの上を歩く、互いにいたずらをし合う、追いかけっこをする、ダンスをする、親切な振りをする、転ばす、自慢するなどです。生徒達がマイムを考えている間に、ストラビンスキーの『ペトルーシュカ』をもう一度かけ直します。準備にはあまり時間をかけず（5分ぐらい）、順番に演じていきます。クラスの人数が多い場合は時間内に演じ切れないので、残りのグループは次の時間にやってもらいます。

ビジュアライゼーション

いたずらをする

目立つことをする

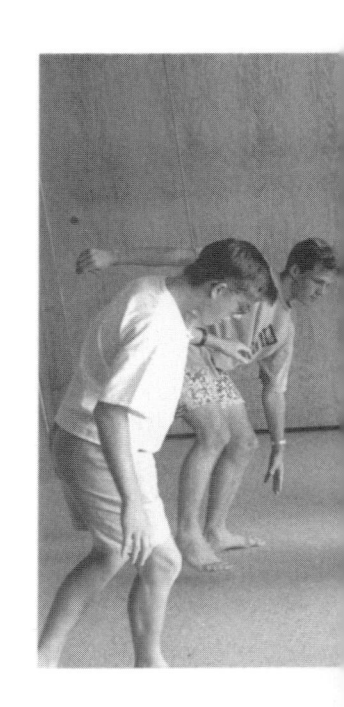

追いかけっこ

綱渡り

追いかけっこ

レッスン 5
リードしたり、跡をつけたり

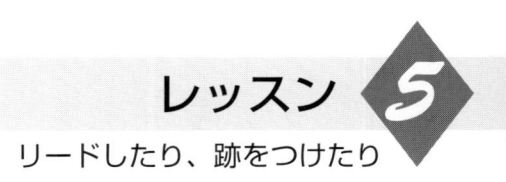

音楽に合わせて動いたり、観察する
三つのレベルで動いてみたり、フリーズしたりする
リラクゼーション
音楽に合わせて歩き回る
グループでリードしたり、後をつけたりする
サークル

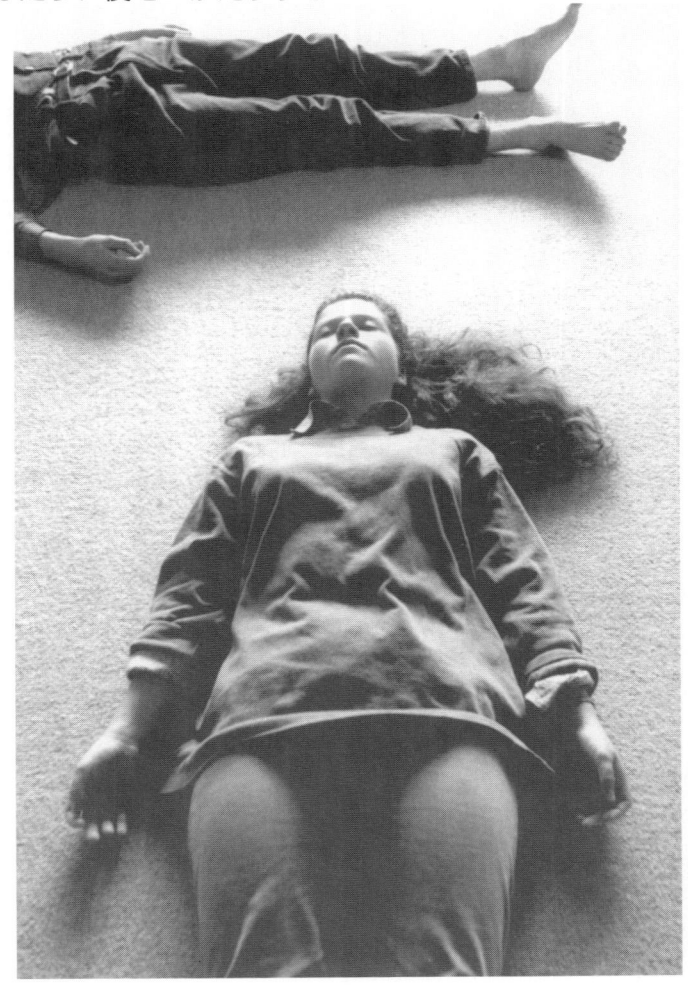

レッスン 5

　この授業の目的は、動くことが表現の一形態であるということを理解してもらうことです。

エクササイズ 1 リーダーをあてるゲーム

　この授業のテーマとして位置づけていることを、ゲームの形で導入することから始めます。

　1人の生徒に部屋の外に出てもらいます。残った生徒達で、誰がリーダーの役をするかを決めます。選ばれた人はいろいろな動きを考え、残りの生徒はそれを真似します。リーダー役を分かりにくくするために、生徒達はいろいろな動きをしながら輪になって少しずつ場所を移動していきます。

　部屋の外に出た生徒が呼び戻されて、誰が動きを変えているのかを当てます。リーダーは動きを30秒以内に変えなければなりません。動きとしてやれることには、速く歩く、ジャンプする、横揺れをする、などが含まれます。

> "いつもリーダー役をする必要はない"
> "いつも後ばかりついている必要はない"
> どちらも楽しい可能性はある

　ゲームに速さを伴わせるために音楽を使うといいでしょう。私は、クリス・レアの『ダンシング・ウィズ・ストレンジャー』（ワーナーミュージックジャパン）を使います。

　大切なことは、リーダー以外の人達ができるだけ早く動きを切り替えて、リーダーが誰なのかを分からないようにすることです。これには、集中力とごまかし方のうまさが求められます[1]。

　そして、順番に部屋の外に出る人を替えていきます。

エクササイズ 2 様々な動きの練習をする

　次に行うエクササイズでは、生徒達は動いている途中で「フリーズ」するのですが、「リラックス」と言われる前に、からだのすべての部分を意識することが求められます。

　このエクササイズでは、からだの様々な部分がいろいろな動きをつくり出します。床に近い部分から始めます。例としては、お尻をつきながら部屋の中を歩き回るのです。あるいは、左の手と足を一緒に出したり、自信をもった歩き方をしたり、単に大股に歩いたり、小股で歩いたり、グルグル回ったり、すべったりしながら歩き回ります。音楽に合わせて、言われたからだの部分を使って動き始めます（ポインター・シスターズなどの明るい音楽がいいでしょう）。

　次は、いろいろなレベルで歩いてみます。

❶**高いレベル**——このレベルでは、できるだけ高く背伸びするようにします。できるだけ大股で歩いたり、爪先立ちで踵を上げて普通よりも背が高くなった気分を味わいます。

❷**中ほどのレベル**——普通に立っているときのレベルのことです。スキップしたり、片足飛びをしたり、前かがみをしたりします。

❸**低いレベル**——床に近いところでの動きを体験してもらいます。

　1人でできるようになったのを見計らって2人1組になってもらい、1人がリードして、もう1人が後をつけるようにしてもらいます。リードする人はどんな動きを考え出してもかまいませんが、上の三つのレベルを使わなければなりません。ある程度までしたら、今度は役割を交代して両者がリードできるようにします。慣れてきたのを見計らって、リードする人にはできるだけ頻繁に動きを変えるように言います。

★1　どうも、目で見て考えることによってリーダーの仕草を真似しようとすると時間のズレは埋まらないようです。大切なことは、かかっている音楽にみんなが合わせて、リズムに乗って、一緒に切り替えられるようになることらしいです。

エクササイズ 3 短いリラクゼーションと音楽に合わせてからだを動かす

　今度は、生徒達を床に寝かせます。

　前の授業でやったリラクゼーションをしてから、ジャン・ミシェル・ジャールの（70分以上にわたる大作である）『Oxygen』をかけます。

　生徒達は、目をつぶって床に寝たままで、音楽が表現していることを表すように言われます。最初は、手だけを使って（曲は結構飛んでいる音楽なので、恥ずかしさを隠すために必要以上にオーバーに表現する生徒がいたり、笑い出したりする生徒もいるかもしれませんが、それは絶対にさせないようにします）、次は腕や肩を使って。さらには、からだの胴体の部分だけを試してみます。引っ込み思案な子ども達には難しいかもしれないので、そういう子ども達には一人ひとり励ましの声をかけてあげます。そして、目をつぶったまま起き上がるように言います。

　何か新しいことをする場合には、少しずつ提示した方が受け入れやすいものです。生徒達も、自分達がしていることに自信をもてなければやれませんから。そして、目を閉じてすることも、自分のしていることに集中できるのでいいでしょう。

　徐々に音楽が早くなるにつれて、目を閉じたまま立って、自分の今立っている周りだけで動きます。生徒達の間を歩き回りながら、からだを回して伸びをして、逆に縮こまって、からだを曲げて、振って、肩を回して、腕も回してなどと助言しながら、音楽に合わせてからだを動かすように促します。

　当然のことながら、生徒達の反応は異なります。引っ込み思案な子どもは、小さな動きしかしないかもしれません。最後に、目を開けるようにいい、全員が一定の間隔でいくつかの流れに沿って動き始めます（教師がリードするといいでしょう）。

エクササイズ 4 歩き回わる

　このエクササイズでは、音楽に合わせて部屋の中を早く動き回るように言います。しかし、互いに触れることは許されません。音楽が重く、ゆっくりになるに従って、流れに沿って重い動きをするように言います（この時点でテープを裏返しにします）。

エクササイズ 5 リードしたり、後をつけたり

　4人1組ぐらいが、これをするにはちょうどよい人数です。1人がリードし、残りが後をつけます。私は、以下のことを伝えます。
　　①すべてのレベルを使うこと
　　②腕を使うこと
　　③回転を入れること
　　④立ち止まって、鏡のエクササイズも入れること

　生徒達は、後を追いかけるのが大好きです。これなら、引っ込み思案な子どもも大丈夫です。
　4人全員がリーダー役をやります。『Oxygen』には、早い部分と遅い部分の両方があります。たまには「フリーズ」と言って生徒達の動きを止め、からだ全体の感触を気づかせると同時に、テープを裏返しにしてテンポを変えるとよいでしょう。また、グループの大きさも変えられます。2人組になったり、8人1組になったりします。

サークル

　これらのエクササイズをした後、サークルになって座ります。様々な動きや体験をした後の印象や感想を出してもらいます。

一直線に歩く

一直線に歩く

リラクゼーション

レッスン 6
信頼関係

リラクゼーション
思い出を視覚化する
信頼関係を築くエクササイズ
サークル

レッスン 6

　この授業には、鉛筆、色鉛筆、クレヨン、そして紙が必要です。リラクゼーションとビジュアライゼーションをしているときにそれらを生徒達の脇に置いていきます。また、目隠しも必要です。少なくとも、クラスの人数の半分を用意しておきます。

　ビジュアライゼーションの後に、描くか書く活動をすることを告げます。この授業では、小さかったときのことを思い出し、その後で信頼関係を築くエクササイズを行います。

　最初は、リラクゼーションとビジュアライゼーションから始めます。生徒達は床に横になって、「レッスン4」で行ったリラクゼーションを繰り返します。注意をそらすことになる咳も許されないので、もし咳をする人がいる場合は部屋を出てもらい、確実に大丈夫と言えるまでは部屋に戻ってこないように言います。

ビジュアライゼーション —— *自分を受け入れる、自分を信頼する*

　これをするときに、私はジャン・ミシェル・ジャールの『Equinox』を使います。このビジュアライゼーションのエクササイズをするときは、とてもゆっくりと話すことと十分な間をとることが大切です。そうすることによって生徒達は昔のことを思い出したり、それらの思い出からいろいろなことを感じることもできるからです。
「今から、みなさんが小さかったときのことを思い出してもらいます。自分が揺りかごの中でスヤスヤと眠っている小さな赤ちゃんだったときのことを思い浮かべて下さい。とても居心地のよい気分を出すためと、赤ちゃんであることをからだで感じるために、できるだけ小さくなってみて下さい。何も心配することがなく、すべてが満たされた状態です。毛布の下の温かい感じを味わって下さい。ひょっとしたら、あなたはテディー・ベアか他の何かお気に入りと一緒に寝ていたかもしれま

せん。その懐かしい人形を思い描いて下さい。
　どんなふうに見えますか？　それは古いですか？　それとも新しいですか？　どんな色をしていましたか？
　今度は、少し大きくなっています。歩き始めた頃です。何かを引きずっています。そんな自分が見えますか？　これが自分だという気持ちはどんな感じですか？　何を着ていますか？　他に誰がいますか？　そのイメージを消して下さい。
　さらに大きくなって、学校に入学した頃のことを思い出して下さい。最初の日を思い出せますか？　そのとき、どんな気持ちがしましたか？　先生のことを思い出して下さい。教室のことも。さて、次のイメージに行きます。
　今度は、あなたの誕生日を思い描いて下さい。友達の顔が思い浮かびますか？その日のお母さんやお父さんの顔も思い浮かべて下さい。どんなゲームをしましたか？　もし、そのとき幸せに感じていたなら、それを十分に味わって下さい。次に行きます。

赤ちゃんのように

もっと大きくなりました。あなたの部屋はどうなっていますか？　他の誰かと一緒に使っていますか？　自分の場所に座っていることをイメージして下さい。

どんな気持ちですか？　幸せですか？　それとも悲しいですか？

周りを見回して下さい。あなたの部屋の中で大切にしているものは何ですか？　何か違っていた方がいいものはありますか？　あなた自身はどんなふうに見えますか？

鏡を見て、自分のことを見て下さい。あなたは、そこに見える自分が好きですか？　あなたは自分自身について満足していますか？　もし、そうでないときは、浮かび上がってきた気持ちを受け入れて下さい。

さて、今の年齢まで戻ってきました。床に横になっている自分自身のことを思い浮かべて下さい。頭のそばに立って、横になっている自分を見下げて下さい。あなたのからだがいかにリラックスしているかを見て下さい。

静かに深呼吸をして、ゆっくり腕を頭の上まで伸ばして、準備ができたら起きて座って下さい。

他の生徒のことは見ずに、話もしないで下さい。何か書くものと紙を取って、今振り返った過去のことで、特に強い印象に残っていることについて文章で書くか、何かを描いて下さい」

生徒達が書（描）いている間、床で横になっているときにかけていた音楽をかけます。書（描）くのには、約10分の時間を与えます。

これが終了したら、エクササイズ１かエクササイズ２のいずれかをします。

エクササイズ 1 身を任せる体験

生徒達を８人１組に分けます。その中の１人が真ん中に入り、残りの７人は小さな輪をつくります。中に入った１人は、目を閉じ、足を固定したまま残りの７人によってゆっくりと動かされます（動かされる前に中に入った人は、膝や腰が沈まないように、からだを少し硬くする必要があります。足は固定して、動かしてはいけません）。順番に中に入って、仲間にゆっくり動かしてもらう体験をします。

レッスン6　77

身を任せる

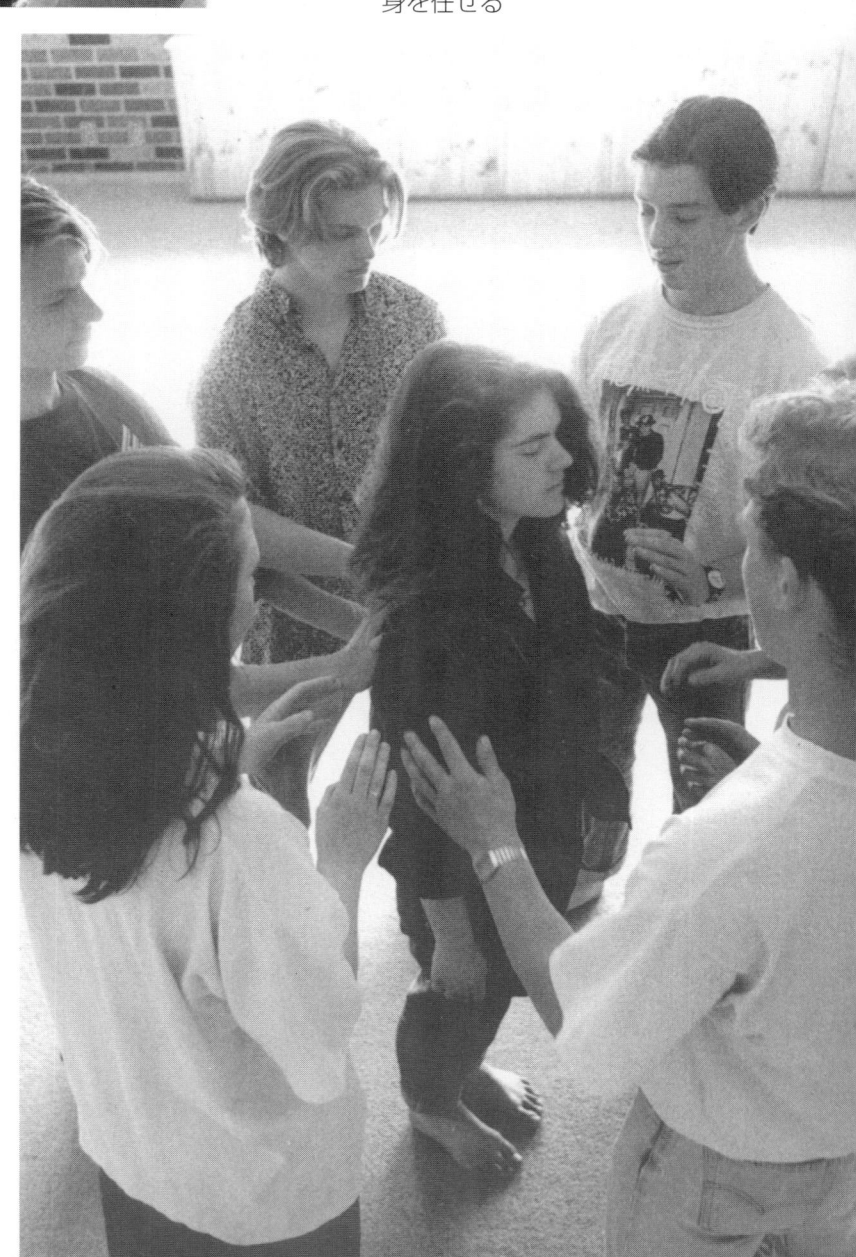

エクササイズ 2 目隠し散歩 —— *他の人を信頼する*

　これには、目隠しとなるものが必要です。
　２人１組になり、そのうちの１人が目隠しをします。目を開いている人は、目隠しをした人をその場でゆっくりと何回か回します。そして、目隠しをした人の手をやさしく取って、部屋の中をゆっくりと案内します。
　「やさしく」と「ゆっくり」を強調することが大切です。生徒の中には、こんな体験をしたことがないことと、手を引いてもらうという体験が初めての場合は、恥ずかしがったり、笑ったりするかもしれませんが、それらはこの活動をすることの目的を失わせてしまうので最初に注意しておくといいでしょう。
　目以外の感覚を使って、慣れた空間を探検してみて下さい。以下のような指示を、事前に案内役にしておくといいでしょう。
　　①ゆっくり案内する。
　　②できるだけたくさんの物に触れさせてあげる。
　　③会話は最低限にする（話し合いは一切しない、と言ってもよいでしょう）。

　事前に、生徒達にいろいろな味わえるもの（食べ物や歯磨き粉など危険のないもの）を持ってこさせるように言っておくと、味覚も味わうことができます。

　時間が許せば、外に出てみる体験も貴重です。みんながあまり離れないように注意しながら、建物や土や木などの感触を味合わせてあげるのです。運動場では、短い距離を全力で走ってみるという体験もおもしろいかもしれません。10分したら、案内役と目隠しの役を交代します。

サークル

　最後は、サークルになり、今日体験したことで印象に残っていることを一言ずつ話せるようにします。

レッスン6　79

全力で走る

レッスン 7

動きに焦点を当てる

ウォームアップ
単純な動きの繰り返しで集中を高める
ずる賢さを強調するマイムを即興でする
「欲張り」の場面をグループで準備する
意味のない言葉の紹介
グループ発表する

レッスン 7

　この授業が始まるときには、ビバルディの『四季』の「冬」がかかっているようにします。この曲を選んだ理由は、この曲が感情的に反応しやすいことと、前の授業でつくり出したいい体験を思い出してほしいからです。たくさんあるクラシック音楽の中で、この曲であれば生徒達もどこかで耳にしたはずです。生徒達は、常日頃は聞かない曲でも、どこかで聞いたことがある曲の方が受け入れてくれやすいからです。音楽はまた、授業で扱うテーマに生徒達を集中させると同時に、教室に入って音楽が流れていることで静かにさせる効果もあります。

ウォームアップ

　『四季』をかけながら、「レッスン１」でしたエクササイズのいくつかをします。

❶**足を肩幅に広げて息を吸う**──腕を肩の高さまで上げ、そこで止めてできるだけ伸ばす。腕を元に戻しながら、息を吐く。

❷**足は肩幅のままで息を吸う**──右手を左肩に持っていき、左手は手の平を外側にしながら右の腰の上の置き、頭は左を向く。そのポジションをしばらく保った後、息を吐きながら頭をまっすぐ前に戻す。息をゆっくり吸った後、今度は左手を右の肩に持っていき、右手は手の平を外にしながら左の腰の上に置き、頭は右を向く。そのポジションをしばらく保った後、息を吐きながら頭をまっすぐ前に戻す。

❸**足は肩幅のままでからだを左右に動かす**──からだの上体を左右に動かす。腕もからだの動きに合わせて振る。

❹**まっすぐに立つ**──足は肩幅のまま、上体は前を向いている。腕を左右に広げる。徐々に膝を折り、腕を前に下ろしながら息を吸う。そして、床に落ちている何かを拾うような動作をする。今度は、腕をからだの前を通しながら頭の上まで持っていく。最後に、腕をからだの左右の位置に戻すときに息を吐く。これらの動きが流れるようにできるように10回続けてみる。

レッスン7

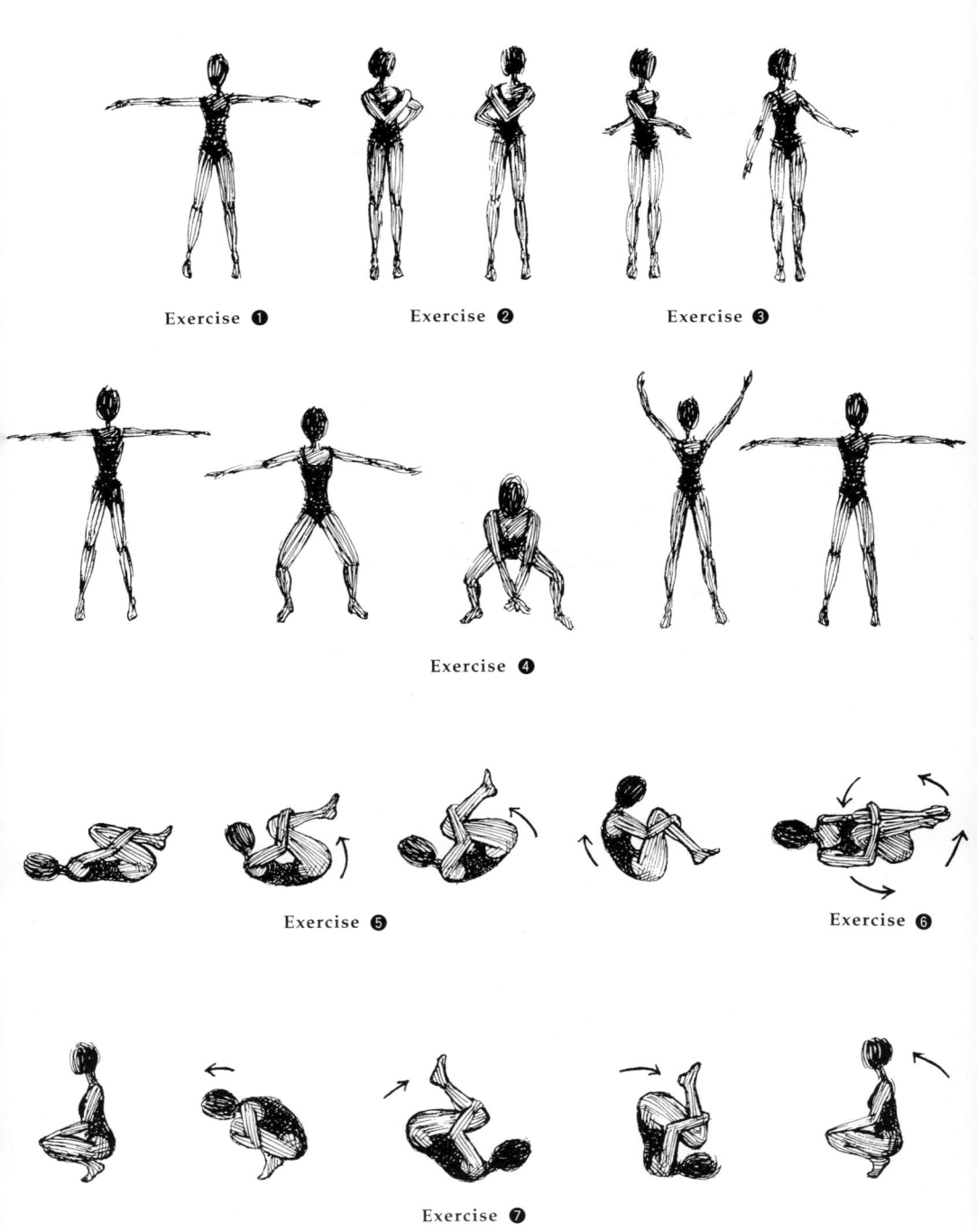

Exercise ❶

Exercise ❷

Exercise ❸

Exercise ❹

Exercise ❺

Exercise ❻

Exercise ❼

❺床に仰向けになり、膝を抱える──背中全体で床を感じる。ゆっくり動かしながら、肩から腰まで床に触れるようにする。少なくとも5回は繰り返す。
❻からだを揺らす──前の状態のまま、今度は前後にも左右にも、交互に揺らしてみる。
❼膝を抱えて座る──膝を抱えたまま頭を前にかがめて肩まで倒れ込み、その後に10回ほど前後に揺らす。最後は、少し勢いをつけて元の姿勢に戻る。

　これらをするのに10分もみれば十分でしょう。次に、2人1組になって背中と背中を合わせて立ち、こすり合わせるように言います。中には、笑い始める生徒もいるかもしれませんが、それがあまり長く続かないかぎりは、当然な反応でもありますから最初からとがめたりしません。ただ、10代の子ども達はちょっとしたことで笑いが止まらない状態に陥る可能性があるので注意した方がいいです。

動きに焦点を当てる──*ほんの些細な動きにも、生き生きしたものがありえることに気づいてもらう*

　授業の初めにかけていた「冬」をもう一度かけ直します。生徒達は、簡単な動きを何でもいいから一つ選び、それを数回繰り返します。動きとして考えられるものをいくつか提示します。
　①水をバケツの中に注ぐ。
　②ネコを抱き上げ、なでる。
　③矢を弓にかけて的を射る。
　④テニスのサーブをする。
　⑤ボールを受け取ろうとしたら、落として、それを拾う。
　⑥絵を描くときのブラッシの動き。

　音楽は、生徒達が集中するのを助けます。生徒達がこれらの動きを10回繰り返したら、自分がしている動きで一番面白いところで「フリーズ」してもらいます。しばらくしたら、「リラックス」と言ってその場に腰を下ろしてもらい、順番にそれぞれがしていた動きをみんなに見せてもらいます。

レッスン7　85

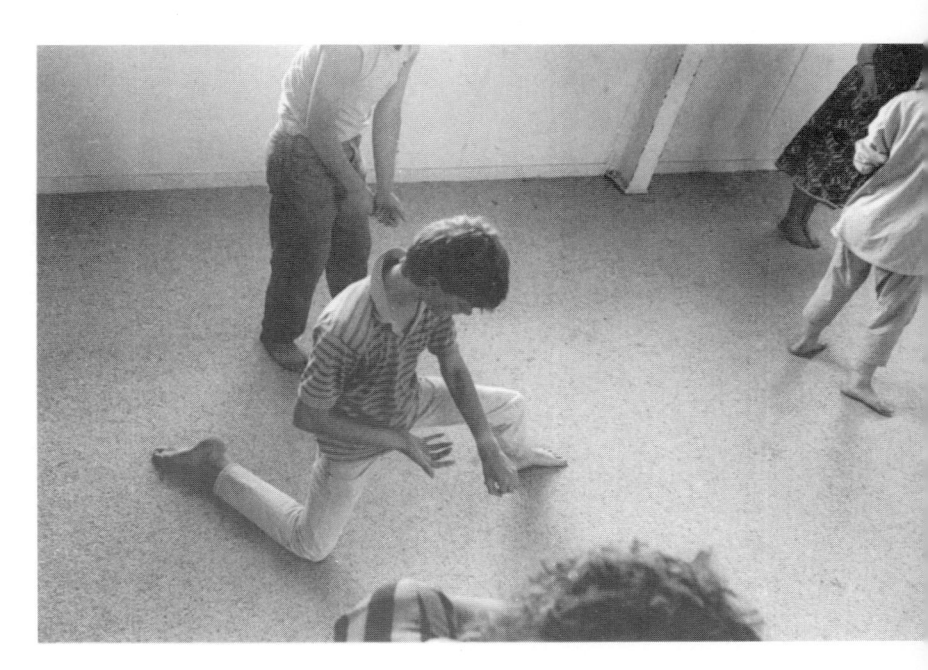

ここでの目的は、動きが本当に集中したときには研ぎ澄まされたものになることを体験してもらいたいのです。少なくとも、1人ぐらいの生徒はそれを見せてくれるものです。ドラマの授業では、「○○君がどれだけ集中しているか見て下さい」などというように、比較することはできるだけ避けた方が望ましいです。

サークル

　サークルの中央に何か物を置きます。それは、軽い物なら何でもいいです。誰かの名前を呼び、呼ばれた生徒はそれを本来の使い道以外の方法で使うように言われます。例えば、もしイスが置かれたとしたら、それが電話とかテレビだとして使うということです。生徒達は、順番にしていきます。

　効果を上げるためには早くすることが鍵です。もし、なかなかアイディアがわかない生徒がいたら、誰か他の生徒の名前を呼んで代わりにやってもらうようにします。創造性を高めるためには、スピードが大切なのです。素早くやることによって、恥ずかしさを忘れることもできます。恥ずかしさは、即興を演じることを妨げる一番の要因でもあります。

グループで即興をする

エクササイズ 1 物を盗み取る動き

　準備として、全員に立って、音楽に合わせて素早く動くように言います（かける音楽は、それまでもっているイメージに左右されないようにみんなが知らない音楽の方がいいでしょう）。動くときは、誰にも触れることなく、それぞれがもっている想像上の物を盗み取るような仕草をします。狙いは、相互にほんの一瞬、しかもこっそりと触れ合うことです。これは2分間ほどしかやりません。

　音楽として推薦するのは、フィリップ・グラス（1937～）の「グラスワークス」というアルバムに入っている『Floe』という曲です。

エクササイズ 2 互いに大切な物を持って歩く

　「フリーズ」で全員が止まり、音楽を聞きながらからだのすべての部分の感触を味わいます。そうしてから、以下のことを伝えます。

　「みんなは今とても大切なもの、他の誰にもあげたくないものを自分の手に持っているとします。そして、他の誰もがその大切なものの存在を知っていて欲しがっています。この気持ちを、ジェスチャーや他のボディ・ランゲージでお互いに伝え合いながら部屋の中を歩き回って下さい。具体的には、大切なものを隠し持つような仕草をしたり、他の人の大切なものをこっそり盗み見たり、忍び歩きをすることなどを数分間します。

（以下のエクササイズは、沈黙の中で行われます。）

エクササイズ 3 八百屋からフルーツを盗む —— *自分を表現する自由、自分自身に自信をもつ*

　生徒達は2人1組に分かれます。片方（A）の方は、大きな町の八百屋の店主です。この人は、少しでも見た目がいいようにとフルーツを熱心に磨いています。そ

投げたり、キャッチしたり

レッスン7　89

して、それらを並べるときにも大切なものを並べるように気をつけています。もう一方のBは、Aのフルーツを一個盗もうとしています。そのためには、見られないように、注意深く、しかもこっそりと動かなければなりません。

Aはたくさんのフルーツを売っているので、Bのことだけを見ているわけにはいきません。Bは、Aにばれないようにフルーツを盗むことが目的です。

これと似たエクササイズは、以下のような形でできます。

生徒達を3人1組に分けます。1人はぎこちなく、1人は見せびらかしやで、3人目は頭がいい、という設定にします。3人組は、何階建てかの建物の一室から何かを盗み出そうとしています。盗みをするには、はしご、逃げるために自動車、組み立ての金梃(かなてこ)、金庫を爆破するための火薬などが必要です。

3人は、それぞれの性格を表現しながらこの場面を演じなければなりません。演じるための打ち合わせとして、数分間を各グループに与えます。そして、いくつかのグループに実際に演じてもらいます。

このエクササイズの目的は、3人の性格の面白さをどのように演じるかという喜劇（コメディー）の要素を引き出すことなのですが、ほとんどのグループはそれを出すことができず、ただ盗んで急いで逃げることに集中しがちとなります。

エクササイズ 4 意味をなさない言葉を使って演じる

意味をなさない言葉（例えば、「アア、ウウ」や「ホレ、ホレ」など）やジェスチャーを使って、生徒達に2人1組になって座るように言います。それができたら、みんなで1分間ぐらい意味をなさない言葉をしゃべり続けます。そして、（当然のことながら、意味をなす言葉を使って）ある場面を意味をなさない言葉とジェスチャーを使って演じることを告げます。

場面は、自分の住んでいる小屋の中にいるニワトリを誰にも分け与えたくないので、訪問者がやって来たにもかかわらず、それを訪問者から何とか隠すというものです。もちろん、訪問者の方はすでにその存在を知っており、何とか小屋の中に招き入れてもらおうとします。設定しているこの社会では、一度その存在が知れたな

ら、何でも分け与えなければならないのです。

　２人はとても堅苦しく、また礼儀正しく演じなければなりません。したがって、力に任せて押し入ったりすることは許されません。しかしながら、自分の調子が悪いなど、嘘をつくことは許されています。

　約２分間、準備の時間を与えます。もし、生徒達が望むのであれば、もう少し時間を与えてもいいでしょう。私の意図は、考え込んでしまうのではなく、できるだけ早くこの課題に実際の動きを伴って挑戦してもらうことです。

発表

　時間があるかぎり、２人組のペアには登場してもらって順番に演じてもらいます。当然、クラスの人数が多い場合は全員に演じてもらうことはできません（ドラマのクラスが授業として成り立つのは20人ぐらいが限界です）。

レッスン 8
支配と服従

集中と観察
「支配」をジェスチャーや動きや言葉を使った即興を通して明らかにする
サークルになっての話し合い
支配をテーマにした劇づくり

レッスン 8

　このレッスンでは、これまで学んできた様々なスキルをまとめてするだけでなく、言葉も導入します。言葉をこれまで導入してこなかったのは、以下のような理由からです。

　私達は、良くも悪くも言葉が独占している文化に浸っています。生徒達は、自分達がポップ・ミュージックに合わせて踊りを踊るとき以外は、からだが発しているメッセージ（ボディ・ランゲージ）やからだの動きを気にすることなどはほとんどありません。他の文化の中には、リズムや音楽が中心的な位置を占めているところもあります。あまり大切にされていない部分に気づくために、私はあえて言葉を排除し、マイムや動きに集中することを選びました。生徒達は、すでに数週間言葉なしでやってきていますから、そろそろ言葉を導入するのにはいいタイミングではないかと思います。でも、最初は最後のレッスンでもしたように、意味をなさない言葉を使うことによって動きとジェスチャーに焦点を当てる方がいいでしょう。このレッスンで言葉は使いますが、しかしその使い方は、内容についてよく聞くために使われるのではありません。

　私達は、「支配」というテーマを、次の方法を通して吟味していきます。

- ジェスチャー
- 動き
- 言葉
- 即興

　「支配」というテーマを選んだのは、自分達の限界を越えようとしている10代の生徒達にとっては重要な課題の一つだと思うからです。

集中するためのエクササイズ

「誰がコインを持っているのか？」、というのがこのゲームの名前です。これには、集中することと動くことの両方が必要です。まず、1人の生徒を選んで部屋の外に出てもらいます。その生徒が外に出ている間に、他の生徒が動きを真似するリーダーを決めます。動きは、音楽に合わせながらサークルになって行われます。ときには、私が動きを変えるように言います。動きは、だいたい30秒おきに変えなければなりません。

もう1人の生徒にコインを渡します。コインを持った生徒は、部屋を出た生徒から見られないように他の生徒にコインを渡さなければなりません。部屋の外に出された生徒が戻ってくるとゲームが始まります。コインは、次々に回していかなければなりません。同時に、みんなはどんどん変わる動きにも合わせなければなりません。

数分したら、部屋を出た生徒に誰がコインを持っているか尋ねます。何人かの生徒に交代で外に出てもらって、ゲームを何回かやります。

ジェスチャー

生徒達は2人1組になります。1人が頭や腕や足を使った動きの指示を出し、もう1人がその指示に従って動きます。言葉を使って助けることはできません。しばらくしたら役割を交代します。これをする際には、その場で走ったり、つま先を触ったり、ジャンプをしたりと、具体的な例を示した方がいいでしょう。

言葉による支配

❶ペアは向かい合って、膝を突き合わせて座ります。私が「今朝起きたときに私がしたこと」というテーマを与えたら、各ペアは互いに相手に向かって話し始めます。自分の言っていることを相手に聞かせるために大声を出してはいけないことをあらかじめ言っておきます。このエクササイズの目的は、相手が自分の言っていること

パート1　レッスン

を聞きたくなるようなおもしろい話をすることです。もし、どちらかが話を止めて聞く側に回ったとき、ペアは話を止めて手を上げます。全員が話を止めたら、今度は話し続けた者同士が新しいペアになり、聞く側に回った者同士も新しいペアをつくって同じことをやります。

❷1人の生徒を選んで、部屋の前に置かれたイスに座ってもらいます。この生徒は、校長先生か、会社の社長か、警察官などのように何らかの権威をもっている者とします。その生徒が何であるかを自分で決めてもらってから、他の生徒は1列に並んで順番にその人に挨拶をします。挨拶は即興で行われます。このエクササイズは、自分が支配されているという感じを味わう状況では、声の出し方やからだの動かし方などに変化が現れるということに気がついてもらうことを目的としています（この種明かしはもちろんせずに、後でサークルのときに生徒に問い掛けて、生徒達に言わせた方が効果的です）。このエクササイズの効果は、生徒が素早く動くことによって増すことになります。1回だけでなく、数回やらせてみるといいでしょう。

動きを通した支配

❶1列になって歩くことを伝えます。太鼓が鳴ったら方向を変えることができます。もし、壁にぶつかったら、太鼓が鳴るまでそこで足踏みをしていなければなりません。まっすぐにしか歩けないことがどんなことかを味わうために、これを数分間続けます。

❷2人か3人の生徒に（クラスのサイズにもよりますが）、部屋の後ろに1列に並んでもらいます。残りの生徒には部屋の前に一列に並んでもらい、ゆっくりとその生徒達の方に歩いてもらいます。

サークル──*支配と服従を探求する*

　サークルになって座り、みんなに（特に、部屋の後ろに立った2、3人に）どんな気持ちがしたかを言ってもらいます。今日行った様々なエクササイズを通して、感じたことや思ったことや気がついたことなどについて話し合います。今日行った

ことが、日頃家や学校で体験していることとどう関係があるのかということについては今は触れないようにします。その代わりに、直接の体験を通して感じたことに焦点を当てます。

　サイコドラマはドラマの教師にとっての手法の一つとして位置づけられていますが、このようなときには使うべきではありません。特に、対象が10代の生徒達の場合、（教師と生徒とか、両親と子ども達といったように）「彼らと私達」という関係に焦点を当ててしまいがちだからです。その際、生徒達は自分達を被害者と見がちです。生徒達の中に自分達の行動や気持ちに直接責任がある部分に焦点を当てることによって、自分達を被害者と位置づけてしまうような見方をしないようにすべきでしょう。というのも、生徒達の周りに存在する人々の多くは、与えられた状況の中でベストを尽くしているからです。ほとんどの状況は、もし私達が十分に探しさえすれば必ずいい解決法はあるはずです。

　今日テーマにしたことは、以下のようなことです。
　　①誰かが支配的な立場にいる場合に、自分達はどう思うのか。
　　②その思いをどのように表現するのか。

③実際に自分が支配的な立場を体験してみる。
④「支配」にまつわる気まずい気持ちを部分的に排除するために、このような状況を劇として創造的に演じてみる。

このレッスンを通してしたことは、生徒達にそのような状況に置かれたときの解決法を提供するものではありません。そのような状況に置かれたときに、創造力を発揮して、その場に最適な解決法を見いだせるようにすることです。

創造的に解決策を見いだす

生徒達を2人1組にして、向かい合わせに座らせます。両者とも、ものすごく急いでいると仮定させます。両者ともが車を運転していて、病院の駐車場で最後のスペースを探しているとします。双方ともが、最後のスペースを自分のものにするための十分な理由をもっています。双方が、なぜ自分が最後のスペースを確保できるのか相手に説得します。

ここで重要なのは、対立することではなくコミュニケーションを図ることです。

数分間話し合わせた後に静かにさせ、誰が解決策を見いだしたか聞いてみます。残りの時間で、各組でどのような話し合いがなされたのかを出してもらいます。

動きを通した支配

レッスン8

レッスン 9
戦いと自由

トンネル・ゲーム
リラックスする
戦いと自由を思い描く
自由を絵に描いてみる
自由をテーマに即興を演じる

▶ レッスン 9

トンネル

　生徒達が部屋に入ってくるときには、机や椅子を使って長いトンネルをつくって迎え入れます。トンネルは狭く、また椅子や机をあえて曲げて配置することによって、その中を通過するときには触ってしまうようにしておきます。生徒達に、椅子にも机にも触れることなく最後まで通過できるように準備をするように言います。服やからだの一部が触れたときに私は笛を吹き、その人はアウトです。生徒達は順番にトンネルに挑戦していきます。全員が通過し終わったら、トンネルを壊してリラクゼーションの準備をします。

リラクゼーションとビジュアライゼーション——*束縛、戦い、自由を探求する*

　全員が床に横たわります。各自の横に、大きな白紙と何本かのクレヨンを置いていきます。最初に、「レッスン４」で紹介したような短いリラクゼーションをやります。リラクゼーションの最後のところでは、ヴァンゲリスの『南極物語』の音楽をかけます。その音楽に合わせて、以下の話をします。
　「あなた方は、急いで出発しなければならなかった人間達に間違ってつながれたままのハスキー犬だと思って下さい。綱が締めつけているのを感じて下さい。どんなふうにつながれていますか？　足をつながれていますか、それとも首ですか？　締め付けられているからだの部分を感じて下さい。
　今度は、つながれている以外の部分を動かし始めて下さい。自由な動きを味わって下さい。そうしたら、またつながれているところに戻って下さい。そこを何とか動かそうとしてみて下さい。戦っている感じを味わって下さい。
　あなたは、当然のことながら、つながれているのは嫌です。周りで同じようにつながれている人達を見て下さい。その人たちのからだがどんなふうになっているか

見て下さい。目は見ないで、どう戦っているか見て下さい。音も立てないで下さい。
　さて、自分のからだに戻って下さい。そして、自由になるために真剣に戦い始めて欲しいのです。自由になりたいという欲求が、からだ全体を走るのを感じて下さい。本気でやった人は、自由になれます」

　私はしばらく静かにして、生徒達に本当に戦う体験をさせます。そうしたらゆっくりリラックスするように言い、用意ができたら座るように言います。そして、他の人のは見ないで、自由というテーマで描きたいものを描くように言います。
　描くために約10分の時間を与え、生徒達がだいたい描き終わったのを見計らって2人1組になり、お互いに描いた絵の背景にあることを紹介し合ってもらいます。音楽は、この間ずっとかけておきます。

マイムの即興

　今度は同じ2人組で、4分ほどのわずかな時間で自由をテーマにしたマイムを準備するように言います。残りの時間で、できるだけ多くのチームに作品を紹介してもらいます。

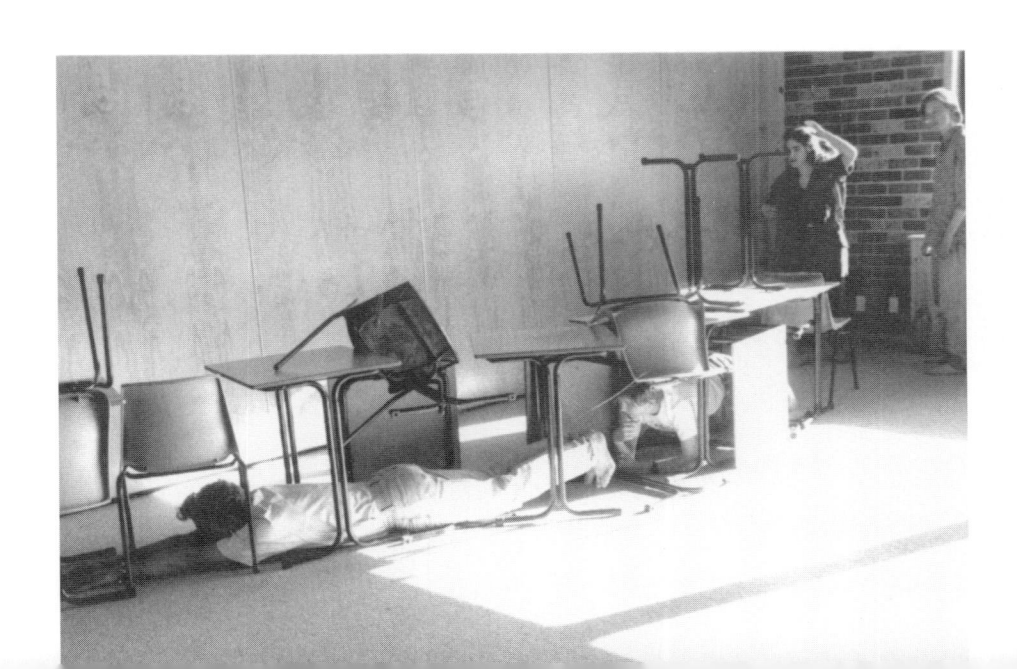

レッスン 10
困難と内に秘めた強さ

追いかけっこ
困難な状況に立ち向かう
「跳ぶネズミ」というネイティブ・アメリカンの物語
内に秘めた強さを体現する
サークル

レッスン10

　私がスキーに魅力を感じる理由の一つは、いろいろな挑戦をするチャンスを提供してくれているからです。まず、スピードや、転んで怪我をしないかという不安と戦うことになります。また、なかなか普通ではできない動きをマスターすることの喜びにも魅力があります。

　小さな子どもが追いかけっこをするときに不安をぬぐい去るのと同じように、ドラマによって不安をぬぐい去ることができます。このレッスンのテーマは、「困難に立ち向かう」です。

エクササイズ1 追いかけっこ

　生徒の3分の1は、部屋中に広がって銅像になります。残りの生徒達は2人1組になり、片方が追いかける役、もう一方が逃げる役になります。誰も、お互いに触ってはいけないことと、話したり、音を立ててはいけないことを確認します。動きに集中してもらうことが目的なので、これらの注意点は必ず守ってもらいます。声は出せませんが、ボディ・ランゲージで自分の気持ちを表すことは可能であることを伝えます。

　私は、手を叩いてスタートの合図をします。しばらくしたら役割を交代して、全員がそれぞれの役をやれるようにします（誰もが、銅像役は1回だけですむようにしましょう）。

エクササイズ2 困難な状況に立ち向かう

　今度は、4人1組のグループに分かれます。2人の生徒AとBは、向かい合って座ります。Aは、Bの鏡の役割をします。

　残りの生徒2人CとDは、Aを囲むように座ります。Cは簡単な計算問題を、D

は日常生活に関連した質問をAに向かってします。2人は、順番に質問をし続けなければなりません。

Aは、以下のことをすることになります。
　①Bの鏡役をする
　②Cの質問に答える
　③Dの質問に答える

数分ごとに役割を交代して、全員がA〜Dを1回ずつやります。

エクササイズ 3 ネズミになる ── リスクを冒すことによって自分の強さを探求する

　全員、他の人から少し離れたスペースを確保して座ります。目を閉じ、ネズミになったつもりで小さくなるように言います。自分が確保したスペースを、ネズミになったつもりで動いてみます。調べたり、においをかいだり、集めたり、巣をつくったりと、ネズミがするような動作をしながら行います。これは、目を閉じたまま、音もできるだけ立てないようにしてやります。それから、動くのをやめて、私がよく知っている話をするので静かに横になって聞くように言います（ドラマのときは、物語を読むことは絶対にしません。諳んじられるときと、読まなければならないときとでは、メッセージの伝わり方が全然違うからです）。

　この物語は、ネイティブ・アメリカンに伝わる聖なる話です。跳ぶネズミは、人の勇気の大切さを語ってくれています。自分が抱えている不安に立ち向かうことによって、成長した人間のことを語っています。それは、ネズミがなぜワシになってしまったかを説明してくれています。

　以下に、そのお話を掲載します。もちろん、これ以外の人の勇気について語ったものを使ってもかまいません。

「跳ぶネズミの物語」

　昔、一匹のネズミがいた。彼は忙しいネズミだった。そこいら中を探し、髭で草を触り、そして目をこらしていた。ほかのすべてのネズミと同じように、ネズミがすることでいつも忙しかった。けれど、ときどき彼は変な音を聞いた。そんなとき、彼は頭を上げ、しきりに目を細め、髭をピクピクさせて、いったい何だろうと考えた。ある日、仲間のネズミの所へチョコチョコと駆けていって尋ねてみた。
　「なんか唸り声が聞こえるかい？　兄弟よ」
　「いいや」
　忙しい鼻を地面から上げようともせず、そのネズミは言った。
　「何も聞こえないよ。俺は今忙しいんだ。あとにしてくれないか」
　小さなネズミは、鼻先をすぼめ、よし忘れてしまえとまた忙しく働き始めた。けれど、またしても例の唸り声が聞こえてきた。ある日ネズミは、この音の正体を調べてやろうと決心した。忙しいほかのネズミをあとに残して道を進んでゆくと、また音が聞こえてきた。彼は必死に耳をこらして、音の正体を確かめようとした。そのとき、突然誰かが挨拶をした。
　「やあ、小さな兄弟よ」と、その声は言った。
　ネズミは音の方を向いた。
　「やあ」とまた同じ声がした。
　「私だよ、兄弟のアライグマだよ。こんな所で、一人でいったい何をしてるんだい？」
　「唸り声の正体を調べているところなんだ」と、おずおずとネズミは答えた。
　「私には、唸り声が聞こえるんだよ」
　「唸り声だと！　それは河の音だよ」と、アライグマが答えた。
　「河だって！　いったいそれは何だい？」と、興味津々でネズミが尋ねた。
　「ついておいで、見せてあげよう」と、アライグマは言った。
　小さなネズミは内心とても怖かったのだが、あの音のことについてはっきりさせようと決心していた。

「分かった、兄弟。その河とやらに連れていってくれ」と、ネズミはアライグマに言った。
　アライグマと一緒に歩いていると、彼の小さな心臓はドキドキし始めた。アライグマは、見たこともない道に彼を導いていった。そして、ついに河に着いた。河は息もつけぬくらい大きかった。
　「すごい力だ！」と、ネズミは言った。
　「偉大なものだ」と、アライグマが答えた。
　「君にここの友達を紹介したら、俺は帰らなくちゃならん」
　「やあ、小さな兄弟よ」と、スイレンの葉っぱの上に座っていた緑色の大きなカエルが言った。
　「河へようこそ。君、君は聖なる力がほしいのかい？」と、カエルが尋ねた。
　小さなネズミは河をのぞき込み、流れに運ばれる様々な世界を水面に見た。
　「僕が？　聖なる力？　もちろん！　もらえるもんだったら」と、ネズミが尋ねた。
　「それじゃあ、かがめるだけ低くかがんで、跳べるだけ高く跳んでごらん。君の聖なるものが見つかるよ」と、カエルが言った。
　小さなネズミは言われた通りにした。かがめるだけかがんで思いきり跳んだ。跳び上がったとき、彼の目は聖なる山をとらえた。小さなネズミは自分の目が信じられなかった。だが、確かに山はあった。宙に浮いた彼の体が落下し始めた。そして彼は、水の中に落ちた。彼はびしょ濡れで、怖くて死にそうだった。
　「だましたな！」と、ネズミはカエルに向かって叫んだ。
　「ちょっと待てよ」と、カエルが言った。
　「怪我をしたわけじゃないだろ？　恐れと怒りで自分の心の目をつぶっちゃいけない。それで何が見えたんだい？」
　「ぼ、ぼくは、聖なる山を見たんだ！」と、ネズミは少し口ごもりながら言った。

「それじゃあ、君には新しい名前があるよ。今日から君は〈跳ぶネズミ〉だ」
　「ありがとう、本当にありがとう」
　〈跳ぶねずみ〉は、何度もカエルに礼を言った。
　「さっそく仲間の所へ戻って、僕に何が起こったか伝えなきゃあ」
　しかし、再びネズミの世界へ戻った〈跳ぶねずみ〉はがっかりした。誰も彼の話に耳を傾ける者がいなかったのだ。それだけではない。たいていは、びしょ濡れになったネズミを怖がった。なぜって、彼は雨が降ったわけでもないのに濡れているからだ。〈跳ぶねずみ〉は、その理由を何と説明していいか分からなかった。それでネズミ達は、彼はほかの動物に食べられそうになったが、結局、その口の中から吐き出されたんだろうと考えた。ほかの動物の食べ物にならなかったということは彼には毒があるんだと。
　〈跳ぶネズミ〉は、自分の仲間達と暮らそうとしたが、それは無理なことだった。
　自分が見たことの記憶は強烈で、頭と心の中で燃え続けていた。そしてある日、〈跳ぶねずみ〉は聖なる山へ行くことにした。
　〈跳ぶねずみ〉は、ネズミの世界の果てまで来て、平原をはるか遠くまで見渡した。空を見上げるとワシがいた。空を覆わんばかりのたくさんの点々は、みんなワシだった。ネズミは怖くなった。
　だが、聖なる山へ行こうとする彼の決心は固かった。彼は勇気をふりしぼって、全速力で平原を横切り始めた。興奮と恐れで心臓が飛び出しそうだった。彼はセージの立木に走り込み、そこでひと息入れようとした。そのとき、そこに〈年とったネズミ〉がいるのに気がついた。セージの中のその場所は、理想的なネズミの棲みかだった。食べ物の種はふんだんにあるし、ネズミを忙しくさせてくれる巣づくりの材料がいっぱいあった。
　「よく来てくれたね」と、〈年とったネズミ〉が声をかけてきた。
　「ここはすばらしい場所だ。ここにいれば、ワシから見つかることもありませんね。聖なる山はここから見えるのですか？」
　「そうとも、そうでないとも言える」と、〈年とったネズミ〉が答えた。

「それがあることは知っているが、見たことはない。しかも、平原の向こうに行くことはとても危険じゃ。そこへ行こうなんて気持ちは忘れて、わしとここで暮らそうじゃないか。ここには、おまえのほしいものがすべてそろっている。なかなかよい場所じゃよ」

「おいしい食事をどうもありがとうございました。あなたの家は本当に心地よかったです。でも僕は、聖なる山を探さなければならないのです」

「ここを出てゆくなんて、おまえは馬鹿なネズミじゃ」と、〈年取ったネズミ〉が言った。

確かに立ち去りがたい場所だった。だが、〈跳ぶねずみ〉は決意を新たにして再び走り始めた。空の点が落とす影を背中に感じながら駆けた。やっと、彼は山桜の根もとに逃げ込んだ。その場所はとても涼しく、ゆったりとしていた。水も木の実も種もあり、巣づくりのための草も十分だった。探検できそうな穴や、集められるもの、当分忙しくさせてくれそうなものがいっぱいあったのだ。

その新しい縄張りをあちこち見回っているとき、彼は不思議な音を聞いた。すぐに、彼はその音のもとを探した。よく見ると、そこに小山のような毛の塊と黒い角があった。バッファローだ！

「何てりっぱな生きものだろう」

〈跳ぶねずみ〉はさらに近づきながら、そう思った。

「やあ、兄弟。訪ねてくれてありがとう」と、バッファローが言った。

「こんにちは、偉大な生き物よ。でも、なぜ君はそこで横になっているんだい？」と、〈跳ぶネズミ〉は尋ねた。

「僕は、病気でもうすぐ死ぬんだ。俺の聖なるものが、この病を癒すのはネズミの目だけだと教えてくれた。だが兄弟よ、俺はネズミがどんな生きものか知らないんだ」

〈跳ぶネズミ〉はギョッとした。

「僕の目！　僕のこの小さな目だって！」

彼は慌てて山桜の根元まで後ずさった。そして、死にゆくバッファローの息づかいを聞きながら考えた。

「最初は、バッファローが自分のことをネズミだと知らなかったんで助かった。しかし、僕のこの目をやらなかったら、彼はまちがいなく死ぬ。だが彼は、死なすにはあまりにもりっぱな存在じゃないか」

〈跳ぶネズミ〉は、バッファローのいる場所に戻っていった。

「僕はネズミだ」と、震える声で彼は告げた。

「そして兄弟よ、君は偉大な存在だ。僕は君を死なすわけにはいかない。だから、僕の二つの目の片方を君にあげよう」

そう言ったとたん、〈跳ぶネズミ〉の目の一つが飛び出し、バッファローは癒された。

バッファローは跳ね起きてこう言った。

「ありがとう、小さな兄弟よ。僕は、君が聖なる山を探していることを知っている。聖なる山の麓まで、君を連れていってあげよう。僕のお腹の下を走れば、ワシに襲われることはあるまい」

小さなネズミは、そうしてバッファローに守られて安心して走っていったが、片目ではやはり怖かった。やっとある場所までやって来てバッファローが止まって、次のように言った。

「僕はここまでしか行けない、小さな兄弟よ」

〈跳ぶネズミ〉は片目でそこに残されるのは心細かったが、バッファローにお礼を言い、さっそく新しい場所を調べ始めた。

突然、灰色のオオカミに出くわした。オオカミは何もせず、ただただそこに座っているばかりだった。

「こんにちは、兄弟のオオカミよ」と、〈跳ぶネズミ〉は声をかけた。

「オオカミ！　そうだ、そうだった。俺はオオカミだったのだ」

だが、すぐに彼の心はぼんやりしてきて、自分の正体をすっかり忘れ、またもとの場所に静かに座った。

「こんなに偉大な生きものなのに、記憶がないなんて」と、〈跳ぶネズミ〉は考えた。

「兄弟のオオカミよ」、〈跳ぶネズミ〉が言った。

「オオカミ、オオカミだって！」と、オオカミは反応した。
　「お願いだ、兄弟、僕の言うことを聞いてくれ。僕は君を治すものを知っている。それは、僕に残されたこの一つの目なんだ。この目を君にあげようと思う」
　言い終わった途端に目は飛んでゆき、オオカミはあっという間に完全な存在になった。
　「君こそ偉大な兄弟だ」と、オオカミが言った。
　「僕の記憶は戻ったが、君は盲目になってしまった。実は僕は、聖なる山への案内人なんだ。君をそこに導こう」

　オオカミは松の林をぬって、彼を聖なる湖へ導いた。目の見えなくなったネズミのために、オオカミがそこの美しさを語ってくれた。
　「そろそろ行かなければならない」と、オオカミが言う。
　「ほかの生き物が君を案内してくれるから」
　「ありがとう、兄弟よ」と、〈跳ぶネズミ〉は言った。
　オオカミが去ったあと、彼は恐怖に震えながらその場にうずくまった。しかし、そこにじっとしていればワシに見つかることは分かっている。案の定、じきに彼は背中に影を感じ、ワシの羽音を聞いた。彼は勇気を奮い起こした。だが、その瞬間、ワシの一撃をまともにくらった。

　〈跳ぶネズミ〉はその場で気を失った。
　しばらくして気がついて、〈跳ぶネズミ〉はまだ自分が生きていることに感激した。しかも、目が見えるようになっているではないか！　すべてはまだぼんやりしていたが。
　「見える！　また見える！」
　あまりのうれしさに、〈跳ぶネズミ〉は何回も何回も同じことを繰り返した。
　何かぼんやりした形が、そのとき、彼に向かって進んできた。懸命に目をこらしてみたが、何だか分からなかった。

「やあ、こんにちは、兄弟。君は聖なるものがほしいかい？」と、その声が尋ねた。

「聖なるものだって？　もちろん、もちろんだよ！」と、〈跳ぶネズミ〉が答えた。

「それじゃあ、できるだけ低くかがんで、跳べるだけ高く跳んでごらん」

〈跳ぶネズミ〉は言われた通りにした。風が彼をとらえて、もっと高い所に運んでくれた。

「恐れるな」と、声が言った。「しっかりと風につかまれ。そして、安心して身をまかせるんだ」

その通りに目をつぶって風につかまると、風はどんどん高い所へ彼を運んでいった。〈跳ぶネズミ〉が目を開くと、ぼんやりしていた視界がだんだんはっきりしてきた。高く昇れば昇るほど、ものがはっきりと見えてきた。

「君の新しい名はワシだ！」と、声が言った。

★『セブン・アローズⅠ　聖なる輪の教え』（ヘェメヨーツツ・ストーム著、阿部珠理訳、地湧社、1992年）の中の「跳ぶネズミの物語」（102～139ページ）より引用。

エクササイズ 4 　小さなネズミから大きなものになる

この活動には3〜4分ぐらいしかかけません。

物語を語り終わったら、生徒達には目を開けないで伸びをするように言います。このとき、ロバート・シュローダー（Robert Schröder）の『Harmonic Ascendent』（あるいは、他のどんなインスピレーショナルな音楽でもいいです）の最初の数分間をかけます。そして、生徒達には、小さなネズミから何でもいいから大きなものになるように言います。最初は、慌てずにゆっくり動いて、強さが徐々にみなぎっていく感じを味わうように言います。そして、みんなが立ったところで、からだ全体でパワーを感じているかを聞いてみます。

レッスン10　117

力をもち始める

力を感じる

サークル

　最後は、サークルで終わりにします。自分が感じたことを言葉で表すチャンスを提供します。何も言いたくない生徒に問い詰めるようなことをしてはいけません。表現したい人の話を聞くだけでも、十分学べるからです。

レッスン 11
安定、騒動、決起

一部変更した武道のエクササイズ
(『七人の侍』を基にしながら)安定、騒動、決起の概念を扱ったグループ・ワーク
音とスピーチの導入

レッスン11

　すでに述べたように、生徒達はテレビなどを通して視聴覚コミュニケーションの媒体である言葉の文化に浸り切っています。したがって、個々人がもっているはずのユニークなものの見方を、テレビという影響力のきわめて大きな媒体の見方に取って代わられる危険性が高い時代に私達は生きているといっても過言ではありません。これまでのレッスンで、言葉によるコミュニケーションを使うことを可能なかぎり避けてきたのは、マイムや動きをするときに少しでも創造的になれると思うからです。

　当然のことながら、ここでもテレビで使われるようなシナリオは使いません。できるだけ創造力を高められるのではないかという意図で、神話や伝説を使います。伝説や物語の中には、比較的新しいものもあります。このレッスンでは『七人の侍』という映画を使います。

エクササイズ 1 テコンドーのエクササイズ

　ここでするエクササイズは、武道の一つである「テコンドー」です（エクササイズを実際に始める前に、武道についての説明を簡単にした方がいいかもしれません）[*]。
　生徒達は、ある程度の間隔を開けて並んで立ちます。

エクササイズA——ウォームアップ
❶足を肩幅に広げます。
❷膝を軽く曲げて、背筋はまっすぐにして、上体を楽に上下できるようにします。
❸手は力を入れて握ります。
❹右の腕は上向きの握りこぶしにしたまま、からだの右側（胸の高さ）に引いていきます。

＊テコンドーの精神を中心にしながら「武道」とは何かを簡単に説明すると、以下のようなポイントがあります。
- 礼儀(れいぎ)——人々が遵守しなければならない最高の規範であり、人々を強化する手段であり、また、集団生活を円滑にするため、多くの聖人君子が定めた不文律といえよう。修練生達は礼儀の一部分にすぎないが最小限、次の事項だけでも守るべく、最大限の努力を傾けなければならない。
    ❶互いに譲歩する精神を高揚させる。
    ❷他人を誹謗したり侮辱する悪習を恥じる。
    ❸互いに人格を尊重し、謙虚であること。
    ❹人道主義と正義感を奨励しなければならない。
    ❺師範と弟子、そして先輩と後輩の関係を明確にする。
    ❻礼儀に則して身を持す。
    ❼他人の所有物を尊重する。
    ❽問題は、その大小を問わず、至極、公平で慎重に処理する。
    ❾目的の曖昧な贈物は授受してはならない。
- 廉恥(れんち)——正と誤をわきまえ、万が一にも過ちを犯したときは、たとえ三尺の童子（幼子）や目下の人の前でも自ら恥を感じ背筋に冷汗を流すような良心をいう。
- 忍耐(にんたい)——耐えることは徳であり、また、百度耐えればその家庭が平和である、との俗語があるが、耐える者には幸福と反映が訪れることだけは事実だ。高段者であっても、完璧な技術の所有者であっても、ある一つのことを達成しようとするとき、まず目標を設定した後、忍耐力をもって絶え間なくそれに向け邁進することによって、所願を成就できる。
- 克己(こっき)——道場内外はもちろんのこと、自身を抑制することは実に重要な問題である。老子は、「強者とは、戦で相手に勝つものでなく、自分自身に勝つ者」と言った。
- 百折不屈(ひゃくせつふくつ)——孔子は「正義と知りつつ、声高く叫ばず、行動に移さないものは、つまらない臆病者であり、自ら設定した目標に向かって、百折不屈の精神で素直に精進する者で、目標達成に失敗する者はいない」と教えている。

★(『跆拳道　テコンドー』崔泓熙著、モランボンテコンドー道場編集・発行を参照。)

122　パート1　レッスン

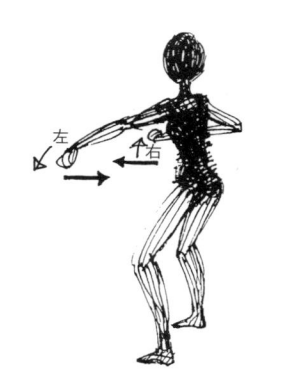

　　　こぶしの位置

　　　動きの方向

エクササイズ　A

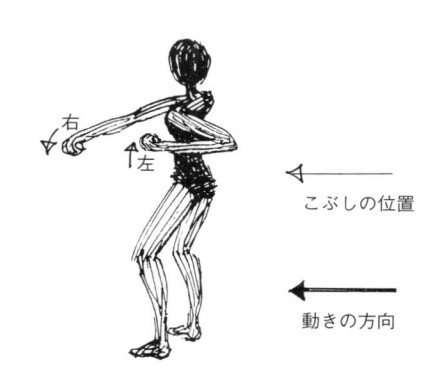

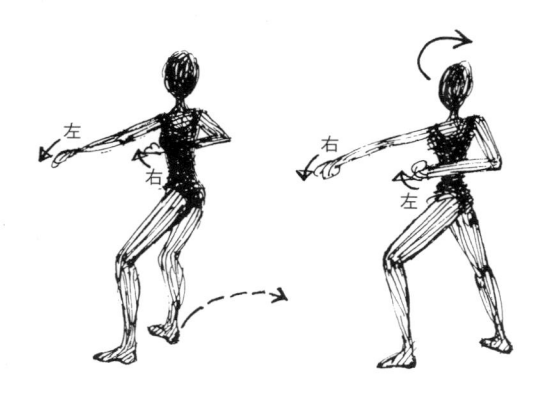

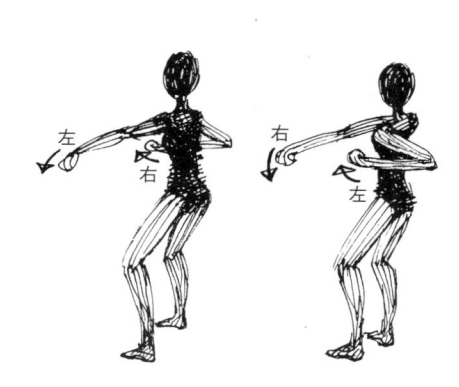

Aの応用　　　　　　　　　　90度右に回転する

エクササイズ　B

❺左の腕は下向きの握りこぶしにしたまま、できるだけ前に突き出します。
❻右の握りこぶしで突きを行いながら、左の握りこぶしはからだの左側に引きます。握りこぶしは、これをする間にそれぞれ上下が逆になります。
❼握りこぶしを回転することで、腕を伸ばすときに突きの強さが増すのです。
❽この動きの応用
　(a)右手で突きを行う前に右足を後ろに引き、それに合わせてからだも右に90度向けます。
　(b)足を90度回転させて元に戻しながら、右手で突きを行います。
　(c)左手の突きも同じようにし、慣れたら右と左を素早く交互に繰り返えします。

エクササイズB
❶円になって走っている時に、はずみをつけて左足で飛び跳ねます。
❷そのとき、右足のひざを胸の位置まで持ち上げます。
❸ジャンプの頂点では、右足を下げることによって、左足をできるだけ高く上げて蹴りを行います。
❹蹴りの高さは、集中の度合いを示すバロメーターです。通常の蹴りでは、一番高い所に着く前にほとんどの力を失っています。

エクササイズ 2 安定、騒動、決起を演じる —— 恐怖に立ち向かうことを通して、自分達の強さを示す

　生徒達には、以下の動きは沈黙の中で行われなければならないことを告げてから座るように言います。1人の生徒を呼び、井戸から水を引き上げて、畑の野菜に水をやるように告げます。その生徒には集中してやることによって、他の生徒達が何をしているところなのかが分かるように努力してもらいます。残りの生徒はそれを見ます。その生徒がやり始めたら、もう1人別の生徒を呼んで、火をつけるように言います。

　他の生徒達も、順番に以下の動きをし始めます。
　　・たき木を集める
　　・家を造る

家を造る動きでは、4人に順番にかかわってもらいます。最初の生徒は、土に水を足します。2番目の生徒は、土を正方形の形に切ってレンガをつくります。3番目は、家を造るところまでレンガを持っていきます。そして、4番目が実際にレンガを並べて、家を造ります。

　他の生徒は、穀物を植えたり、川で洗濯をしたりします。

　あとで詳しく指示を出す3人以外の残りの生徒達は、料理をしたり、狩や収穫のための道具をつくったり機を織ったりします。

　みんながこれらの動きをし始めて数分したらリラックスさせて、次にどんなことが起こるのかを説明します。

　「しばらくしたら、何らかの騒ぎが起こり、それに対する恐怖から何らかの反応をしなければなりません」

　前のレッスンに登場したネズミのことを思い出させ、騒ぎが起こったときにそのネズミのような対応をし、その後は再び前にしていたことを続けるように言います。

騒動

騒ぎが起こった後には、みんなで対応策を考えるための会議を開かなければなりません。

　まだ何も指示されていない3人は、騒ぎをつくり出す役割をします。3人を脇に連れていき、以下のことを説明します。大きな馬に乗って村に入ることを告げます。そして、騒がしく音を立て、そして村人にこう告げます。

「村の井戸を取り上げる。もし、それを拒む者は、我々が連れて帰る」

　次の日にまた戻ってくることを告げて、走り去ります。村人達は会議を開きます。

　ここまで支持をしたら、その後のやり取りを見守ります。もし、生徒達がにっちもさっちもいかなくなったら、以下のような提案をします。

「明日の朝、勇気を振るって大きな音を出し、侵入者を逆に追い返してみたら」

　時間があれば、このレッスンの後に黒澤明監督の映画『七人の侍』（1954年）を生徒達に観せます。

弱い者いじめ

不安

村人の話し合い

団結の強さ

レッスン 12
儀式の重要性

集中して聞く
準備のエクササイズ：　グルグル回る
音のパターンとそれに合わせた動きを即興で演じる
儀式的な動きをテーマにして創造的な劇をつくる
サークル

レッスン*12*

　授業が始まるときに、生徒に目隠しを渡します。これは、最初のエクササイズで使います。エクササイズ5では、土色の水彩絵の具を使います。

エクササイズ １ 目隠しをしてパートナーを探す

　生徒達は2人1組になり、2人だけに分かる秘密の音を考え出します。全員目隠しをするように言い、ペアを離れ離れにして私が部屋の別々な所に連れていきます。そこから、音を使って自分のパートナーを探し始めます。その間に、4人の生徒を他の生徒達には知られないように選び、目隠しをとらせて、ペアが一緒になれないように似たような音を出したりして邪魔をさせます。
　このエクササイズでは、だまされないためによく聞き分ける力が求められます。もし、自分のパートナーと出会えたと思ったら、2人が両手を上げて合図をします。生徒達が邪魔する役を務めた4人の存在を知らないうちに、このエクササイズを1回だけしてやめることもできます。本当にパートナーとペアになれたと思ったら、10秒間確認して両手を上げてもらいます。このエクササイズは、邪魔をする役を入れないですることもできます。

エクササイズ ２ 動きや音を当てる

　生徒達は、目隠しをして静かに床に横たわります。用意ができたら、私は部屋の中を順番に幾つかの動きをして回ります。例えば、足を引きずって歩いたり、重い足取りで歩いたり、跳ね回ったり、グルグル回ったりです。生徒達には、私がした順番を当ててもらいます。さらに、私は異なる動きをして再度尋ねてみます。動きの代わりに音を使ってもいいでしょう。そのときは、生徒達にからだを起こして、音のする方を指し示してもらいます。

エクササイズ 3 目隠しをしてサークルの中を歩く —— グループの中で*自意識を出さないで表現する*

　イレーネ・パパス（1929〜、ギリシャ）かヴァンゲリスの曲を使います。ほとんどの生徒にとっては、これらの原始的な響きは聞きなれた音楽ではないと思います。それが、不思議なイメージを思い浮かばせ、おもしろい動きをつくり出すのに役立つでしょう。この段階までくると楽しむことも大切です。この時点では、私達は十分に信頼関係を築けていると思うからです。この音楽を使うもう一つの理由は、次のエクササイズで取り上げるチャンツ[★1]を導入としてもいいからです。

　しばらく音楽を楽しむことに興じた後、私達は全員サークルになり、順番に目隠しをしてサークルの中をゆっくり歩き回ることを体験します。もし、相互にぶつからないことが確かめられたなら、自分の番のときにサークルの中を2度歩き回るように言います。

★1　チャンツ（chant）は、お経を詠んだり、賛美歌を歌ったりというように、一つか二つの音階しか使わない単調な歌のことです。

エクササイズ 4 音楽に合わせて演じる ── グループでつくり出す

　サークルになって座り、膝を叩くことによって簡単なリズムを取り始めます。生徒達には、私の真似をするように言います。これに慣れたら、膝の音に合わせて口でも音を発します。このようにしてリズムを取るのに慣れたら、ジェスチャーで生徒の誰かにリーダーを代わってもらい、そのリーダー役も順番にやってもらうようにします。

　ここまできたら、初めて言葉を使って次にすることを説明します。音を出しながら、サークルの真ん中に行って何かの動きをします（演じます）。そこには、ほんの数秒しかいる必要はありません。この時点では、生徒達も結構おかしな音を出したり、おかしな動きを半分ぐらいは恥ずかしげもなくやれるようになります。生徒が、ドラマというものをきわめて真剣なものであると同時に楽しいものであることを理解できるように助けてあげるのが教師の役割です。

エクササイズ 5 特別な音のパターンで動く

　生徒達を2人1組にします。私達は、顔に塗れる絵の具を使って模様を描きます。これには数分しか使いません。それぞれのペアは、自分達の特別な音のパターンを決めて（例えば、「ヘー、ヒー、ヒホフム、ヘント・マルコ、フェー、フィーフム」）、片方がリードし、もう一方はチャンツに合わせながらその動きを真似します。いつも同じ動きばかりをしていないで、常に新しい動きをつくり出すように言います。

　しばらくしたら、役割を入れ替えます。

サークル

　いつもと同じように、今日体験したことを振り返ってもらってから終わりにします。

レッスン 13

いかにも力をもっているがごとく演じる

サークル
魔女や魔法使いの物語を思い出す
魔女や魔法使いを演じてみる
まじないをかけるシーンを即興で演じる
意味のない言葉を使ってまじないをする
お人好しと悪者を即興で演じる

レッスン13

サークル

　生徒達が部屋に入ってくる前に、部屋の中に魔法使いの帽子やホウキや黒マントなどを置いておきます。

　生徒達をサークルに座らせたら、小さいときに聞いたことがある魔女や魔法使いの話を思い出してもらいます。私は、ドロシーのおばさんの顔が魔法使いになってしまう『オズの魔法使い』の中の一場面を今でも鮮明に覚えています。ですから、たいていはその場面を生徒達に話すことからこのレッスンを始めます。生徒達には、次のエクササイズに入る前に似たような場面を思い出してもらうようにします。

エクササイズ 1　みんな魔法使いになる ── *自分がもっている力を感じる体験*

　生徒達には、各自バラバラになって、部屋の中で自分だけのスペースを探すように言います。そして、それぞれがもっている魔女や魔法使いの形を一番よく表す姿をしてもらいます。暗く醜く表現しても、強く美しく表現してもかまいません。いずれにしても、魔力をたくさんもっていて、強力なまじないをかけられるように言います。さらに、自分のまじないをかなえるために、それに必要な材料を入れてグツグツ煮る大鍋が自分の前にあることも想像してもらいます。そして、まじないの効果を上げるために「アブラ、カダブラ」などの意味のない呪文を唱えるようにも言います。

エクササイズ 2　大鍋で魔法をかける

　セインスート（Sehnsucht）の『Finklang』という曲をかけ、最初の数分間を聞いてもらいます。この曲でなくとも、魔女や魔法使いを思い起こさせるような音楽な

まじないをかける

大鍋で魔法をかける

らなんでもいいでしょう。音楽の才能をもっている教師なら、自分でこの雰囲気をかもし出す音楽をつくってもいいかもしれません。

　自分達が立っている所で、大鍋にまじないに必要な材料を入れて混ぜるような動作をやってもらいます。生徒達には、自分のまじないが少しでも遠くまで届くように、高低様々なレベルのかき混ぜの動作をするように言います。最終的には、自分の近くにいる誰かをかき混ぜの動作に巻き込みます。その際、かき混ぜの動作と同じぐらいに、静止する動作も大切であることを告げます。

エクササイズ 3 互いの魔法を紹介し合う

　生徒達に、2人1組になって座るように言い、互いにかけていた呪文を紹介し合います。そして、その狙いと、大鍋ではどんなものを混ぜていたのかも紹介し合います。

エクササイズ 4 毒を飲ませる場面を即興で演じる

　この即興を通して、私達は喜劇の雰囲気をつくり出します。前と同じペアのままで、1人がもう1人に毒を飲ませようとしている、とします。もう1人の方は、誰もそんなことなどするはずがないと信じています。これを即興でするときの雰囲気は、まじめというよりはユーモアを大切にしてほしいと思います。

　悪者は、身振りや意味をなさない言葉を使って、あることが計画され進行していることを見ている者に分からせます。悪いことをしようとしている方の意図は、その様子で分かるのですが、人がいい方はまったくそれに気がつかないのです。

　2人は、どのような結末にしたいのかを決めなければなりません。例えば、人がいい方が苦しみ始めるのか、悪者が捕まってしまうのか、それとも両方ともうまくこの事態から抜け出せるのか、です。

　しばしば、私はこのテーマに何人かの役割を付け足すことでイメージを膨らませることもあります。例えば、魔女の手伝いをするいたずら好きなネコや魔法使いのずる賢いアシスタントなどが考えられます。このぐらいまで準備をすると、自分達のつくり出したものを他の生徒達に見せたくなるものです。もう一つ別なクラスと、相互に見せ合うのがいいでしょう。

　こうした即興は、私が勤めている学校（小学校から高校まであるのですが）では生徒達にとても人気があります。

レッスン 14 15
違いを体験する

醜い姿をつくり出す
観客の前で醜い姿を演じる体験をする
排除される体験をする
排除されるのを創造力で切り抜ける
描いたり、書いたりして共有する

レッスン14

　私達は、自分達と違ったものをもっている人達に対する偏見を乗り越えることの必要性についてよく話します。しかしながら、実際に偏見の対象になったり、孤立させられた経験をもてないかぎりは、話し合いは単なる机上の空論に終わってしまいます。

　最近、私は女優のスー・イングルトン[★1]が現代社会に生きる年老いた女性を演じるところを見ました。彼女は悲しさとユーモアを交えながらあまりにもうまく演じていたので、私は自分が本当に年をとったらどうなるんだろう、と真剣に考えてしまいました。また、精神病棟に入っている患者など、私達からは見えない存在になっている多くの人々のことについても考えさせてくれました。

> 「実際に彼らの身をまとって歩いてみるまでは、その人達の気持ちは分からない」

　ブフォン[★2]の伝統にのっとって演じることは、排除された者の役割を演じさせることによって個々の生徒にこの体験に近いものを可能にしてくれます。しかし、この体験をする前に教師は、自分が対象にしている生徒達がこのようなテーマを受け入れられるかどうかを判断する必要があります。それは、単に年齢的な問題ではありません。このような問題に対する感受性や、グループの中での人間関係を考慮することです。

　これをするときは、事前に、生徒達にダブダブの洋服を持ってくるように言います。そして、可能であれば他の教科の先生に協力してもらって、2時間続きで授業ができるようにアレンジします。つまり、100分授業としてやるのです。

　レッスン14と15に必要な小物には以下のものがあります。
- 教師用の棒
- まくら
- 脱脂綿
- いろいろな長さの布

- テニスのボールを8個
- シェイクスピアや他の劇からの抜粋――生徒のレベルに合わせて選択することが大切。私が使ったのは、『リチャード3世』の第1幕第1場のグロースターのスピーチの場面と、『ハムレット』の第1幕第5場の幽霊のスピーチの場面です。以下の詩人の詩も用意しておくといいでしょう。

> E. E. カミングス[3]、エミリー・ディキンソン[4]、ジェラード・マンリー・ホプキンズ[5]、キャス・ウォーカー[6]

　授業が始まるときに、冒険してみてもいいと思っている人達に手を上げてもらいます。いずれにしても、クラスが半々ぐらいにならないと困ります。手を上げなかった生徒達には、まくらを含めていろいろ用意したものを取ってきてもらいます。そして、冒険をしてみてもいいと言った生徒の中でこれまであまり一緒にエクササイズをしたことのない人のそばに立ちます。そこまで用意ができたら、全員に座ってもらいます。

　基本的には、冒険をしてみてもいいと言った生徒達に動いてもらいますが、残りの生徒達がそれにどう反応するかということも決定的に重要であることを告げます。

　生徒達には、「違うということがどういうことなのか」というテーマでこれから

★1　(Sue Ingleton)オーストラリアを代表するコメディアン、俳優、作家、演出家。一人芝居で世界的な人気を博しています。
★2　ブフォン（Bouffon）とは、都市に入ることを認められなかった社会的に虐げられた人達が、1年に1回都市に入ることを許されたフランスの伝統から来ています。そうした虐げられた人達（障害者達）への同情の念を観客にもってもらうことを狙いとした劇のことを指します。
★3　(E.E.Cummings) 1894〜1962年。米国マサチューセッツ州ケンブリッジ生まれの詩人。画家でもあり、劇や文学の作家でもありました。
★4　(Emily Dickinson) 1830〜1886年。米国マサチューセッツ州アマースト生まれの詩人。イギリスの詩人ロバート＆エリザベス・バレット・ブラウニングやジョン・キーツの影響を大きく受け、生存中に世の知られたのは1700以上の作品のうちわずか10篇のみでした。
★5　(Gerard Manley Hopkins) 1844〜1889年。英国の詩人。オックスフォード大学で教育を受け、一時はカソリックの聖職者になりましたが、晩年は大学でギリシャ語とラテン語を教えました。
★6　(Kath Walker) 1920〜1993年。別名、ウージェルー・ヌーナカル（Oodgeroo Noonuccal）は、詩人、俳優、作家、教師、画家、そしてオーストラリアのアボリジニー（先住民）の権利の獲得に努力した運動家でもありました。彼女の詩には、白人とアボリジニーの理解と平和を願うものが多いです。

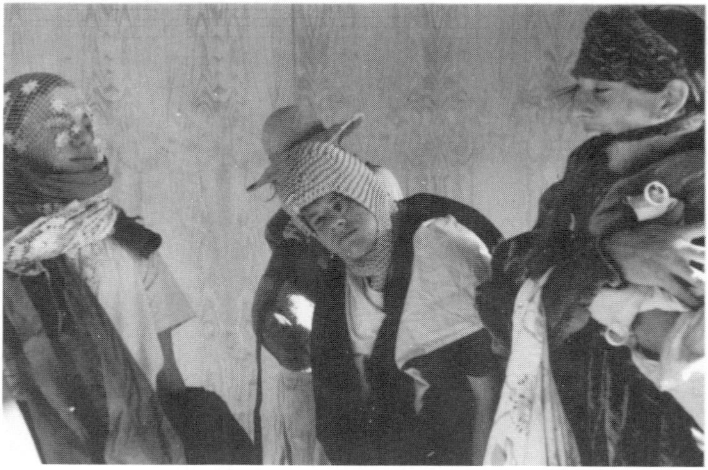

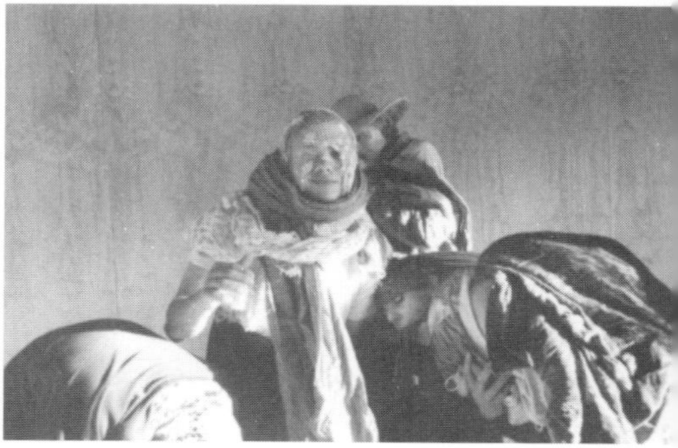

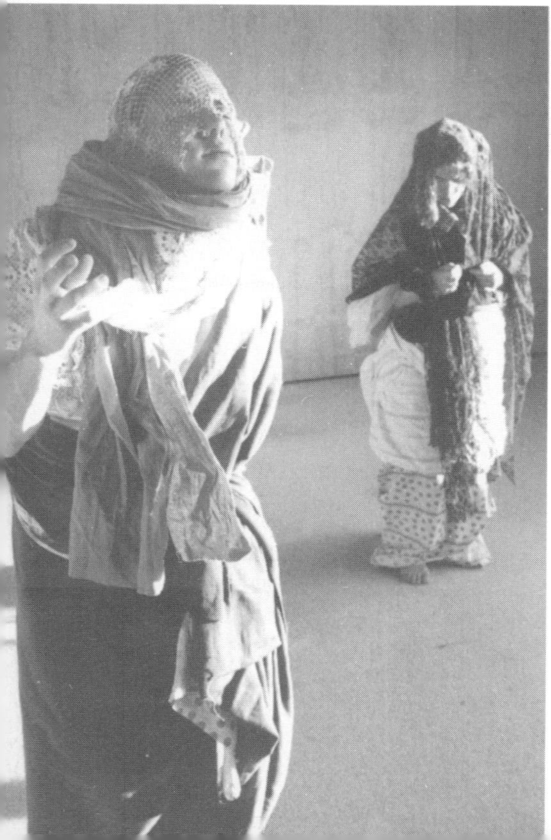

見えない人々になる

演じてもらうことを告げます。「演じる」という言葉を使いましたが、異なる視点や新しい考えにアプローチするときは、創造的に演じた方が理解しやすいからです。

　これから、小物をもっている生徒達は醜い姿をつくり出してもらいます。背中に大きなこぶをつくったり、お腹を膨らませたりしてもかまいません。あたかも、義手や義足を使っているようにしてもいいでしょう。とにかく、できるだけグロテスクに見えるようにして下さい。脱脂綿を口の中に何個か入れてもかまいません。それは、後で言葉を使ったエクササイズをするときにさらなるチャレンジを提供することになるでしょう。

　この作業をするときの音楽としては、バッハの『ブランデンブルク協奏曲』が最適でしょう。風変わりなものをつくり出すのに適した、喜ばしい雰囲気を提供してくれるからです。

エクササイズ 1　醜い者達が身を守る —— *よそ者への思いやりを体験する*

　醜い格好をした者達は、音楽（オーストラリアのヒーリング・ミュージックのアーチストであるジャペタス（Japetus）の『Visions of Paradise』の第一面が適している）に合わせて部屋の中を歩き回ります。彼らには、宇宙を遊泳しているかのように歩き回るように言います。残りの生徒達は、部屋の片隅に劇を見ている観客のように座ります。

　しばらくしたら、演じているグループには、部屋の後ろにさがって固まるように言います（146ページの写真参照）。私は、テニスボールを1個取って投げます。ボールを投げる意図は、もちろん怪我をさせることではなく驚かせることです。当然のことながら、自分達が危険にさらされていると思うグループは、身を守るためにさらに小さく固まります。私は、この反応を期待しています。最後のボールが投げられた後に、グループにはそのまま「フリーズ」するように言い、そして次の指示を与えます（注意：ボールは常に教師が投げます。生徒に投げさせて怪我でもさせたら大変ですし、雰囲気を壊されるのも嫌ですから）。

エクササイズ 2 醜い者達が笑いを浮かべる —— *自分自身を受け入れる*

　音楽をまたかけます。このエクササイズにはゆっくりした曲の方がいいでしょう。私が床を叩くたびに、演じているグループの一人ひとりに観客の方をゆっくり見上げ、自信なさげで、いたずら好きな笑いを浮かべるように言います。事前に、それをする順番を告げておくといいでしょう。どのような笑いが「自信なさげで、いたずら好きな笑い」なのかも確認しておきます。

エクササイズ 3 醜い者達が歌を歌う

　今度は、順番に前に出て、童謡か楽しい歌をできるだけ上手に歌うように言います。ジェスチャーも使って、見ている者をできるだけ楽しませなければなりません。目的は、観客に感動を与え、自分達のことをまともな者として見ない観客の気持ちを捉えることです。実際にそれを成し遂げることは難しいので、どんなときでも観客と一緒に笑わないように事前に注意します。

サークル

　このレッスンでしたことは、両方のグループにとってチャレンジング（困難を伴うもの）だったので、最後はサークルになって、それぞれの段階の感想を述べ合います。もし、時間が許せば、体験について書くか描くかするといいでしょう。演じなかった生徒達は、翌週に演じる準備のために、劇のシナリオか詩を選択してもらいます。

　もし、2時間続きの授業がやれるのであれば、役割を交代して演じなかったグループが今度は演じます。生徒達は、事前に集まって劇の一部を使うのか詩を使うのかの相談をします。残りの生徒達は、布や小物を集めて、どのように装わせるかを相談します。

見えない人々になる

レッスン14　147

レッスン 15

　このレッスンでは、役割を交代し、前のレッスンで演じたグループが観客になります。同じレッスンプランを使いますが、最初のエクササイズをしている（部屋の中を歩き回る）ときにジャペタスの『Visions of Paradise』の第2面の方をかけます。別な音楽をかけることによって、することは同じでも異なる視点を導入することができるのです。

　レッスン14で使った第1面が叙情的なのに対して、このレッスンで使う第2面の音楽は微妙な感情を呼び起こします。私達教師は、もっといろいろ試してみるべきだと思います。最初の音楽には、生徒達は愉快に反応します。見ている生徒達は笑い出してしまいますし、それは演じている間中続くこともあります。一般的に、友達がおかしな格好をして演じているのを見ると、そのような反応をせざるを得ないと思います。

　それに対して、今回使う神秘的で重々しい雰囲気が漂う音楽をかけた場合は、おかしな格好をして演じているのを見る体験とは大分違った形で仲間の生徒達を受け取ることになります。演じる者達が一人ひとり顔を上げるときも（エクササイズ2）、この音楽をかけます。

　最後には、生徒達がそれぞれの時点でどんな気持ちがしたかを述べる機会を設けます。自分の感情を率直に述べられるようにすることは大切なことです。自分が受け入れられないような格好をしながら、強く心に訴えかけるような表現をすることの難しさを、1人の生徒が理解してくれるだけでも十分でしょう。

レッスン15 149

パート2
ドラマと国語の授業を組み合わせる

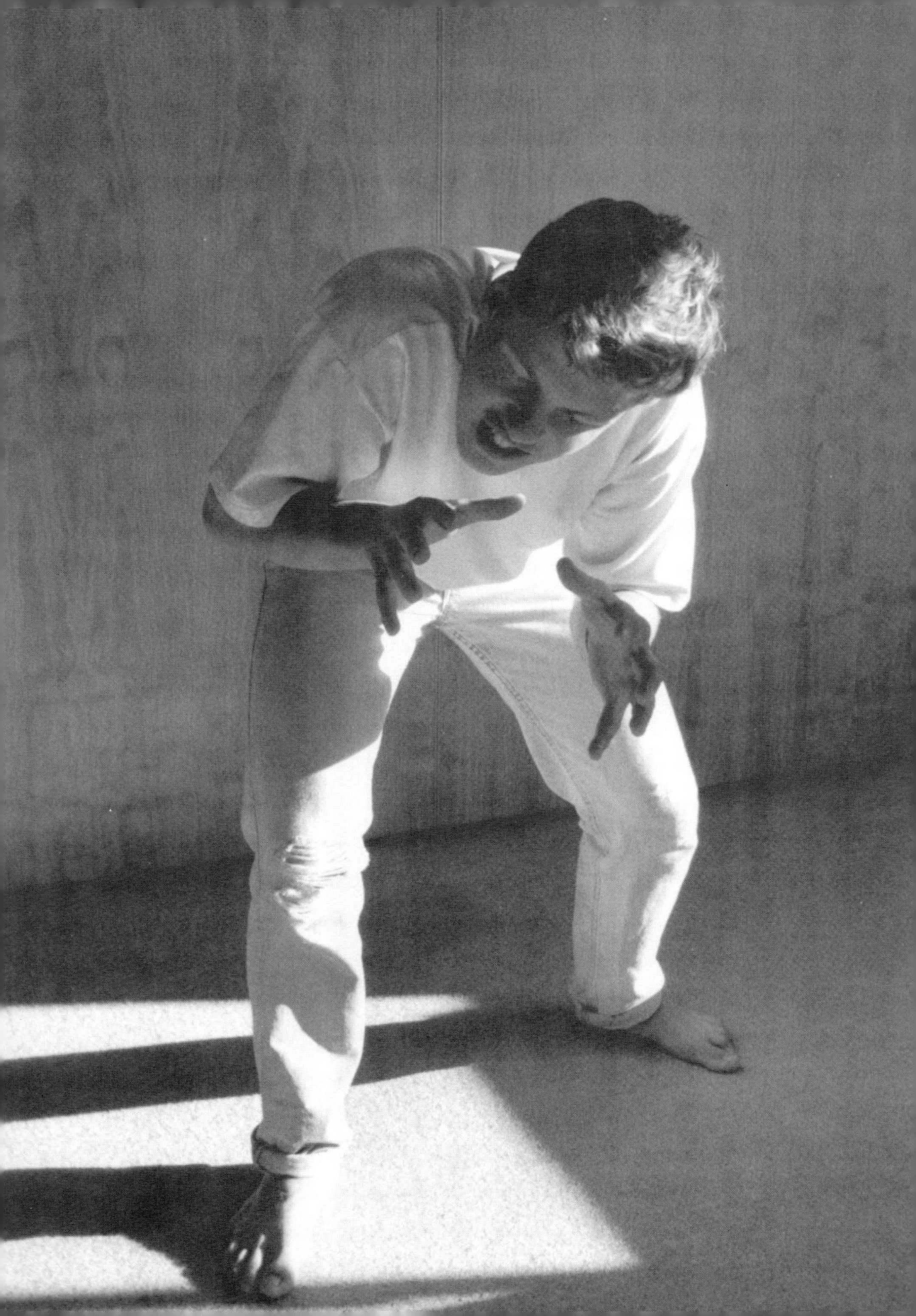

ドラマと国語の授業を組み合わせる

　ここで紹介するのは、私が国語の授業と組み合わせて行うときのエクササイズの例です。

　当然のことながら、文学や脚本は生徒達が実際に演じてみないかぎりは、あくまで勉強の対象として扱ったことにとどまる危険性を抱えています。りっぱな作品は、作者の思い描いている世界を十分に垣間見させてくれていますし、その世界の中で、登場人物達は考え、感じ、そして生きているのです。ですから、私達がそれらの登場人物を実際に演じてみることができれば、それだけ彼らを包み込んでいる世界を理解しやすくなるでしょう。

『蝿の王』──喜劇と悲劇の違い

　ウィリアム・ゴールディングの『蝿の王』という作品について、私にとって最も印象深いのは、そのドラマチックともいえる緊張感です。この小説は、「緊張」をどう効果的に扱うのかという点に関してきわめていいお手本を示してくれています。同時に、喜劇と悲劇の違いについても考えさせてくれます。喜劇の緊張感と悲劇の緊張感の違いは、実は区別しにくく、生徒達が理解するのはかなり難しいです。この問題は、喜劇を悲劇と区別する要因を明らかにしようとするときに、さらに難しいものとなります。

　例えば、イギリスのコメディ・テレビ番組の『フォルティ・タワーズ』[1]を例にとった場合、あの番組があんなにおもしろい理由を考えると、それは主人公のベイシル・フォルティの性格に負うところが大きいことに気づくでしょう。それは、（シェイクスピアの『十二夜』のマルヴォリオと同じように）ベイシルが自分のおかし

---

[1]（Fawlty Towers）イギリスを代表するコメディ・グループの「モンティ・パイソン（Monty Python）」のメンバーの一人だったジョン・クリース（John Cleese）と彼の妻コニー・ブース（Connie Booth）によって書かれ、1975年と1979年に、それぞれ6話ずつ演じられた。英国はもちろん、英語圏で今でも再放送されているコメディ番組の傑作中の傑作です。

さに気づいていないことです。彼は常にベストを尽くそうとするのですが、それが逆におかしな状況をつくり出しており、しかも彼自身はなぜすべてが悪い結果をもたらすのかまったく気づいていないのです。

それでは、『フォルティ・タワーズ』の喜劇的な緊張感と、『蝿の王』の悲劇的な緊張感との違いは何なのでしょうか？

悲劇のヒーローないしヒロインは、人生には苦難や苦悩が伴うことを知っています。『蝿の王』のラルフは、次第に自分の置かれている状況を知るようになりますが、私達読者は彼が死から逃れられないことを感じ取ってしまうので、彼に代わって恐ろしくなってしまうのです。

悲劇の場合は、ヒーローの苦悩は最終的には死につながりますが、喜劇の場合はヒーローは打ちのめされたり、傷つけられたりしても死ぬことはありません。『蝿の王』のラルフが大人の介入なしに生き残れないことを、私達は知っています。

この後に紹介するドラマのエクササイズは、ドラマチックな緊張感のもつ役割を生徒達が理解するのを助けることが主要な目的です。以下のエクササイズでは、次の点を明らかにします。

①喜劇の緊張感と悲劇の緊張感の違い
②ドラマチックな緊張感に含まれる対立する目的の重要性
③対立を大きくするための強力な敵の必要性

導入

まず、生徒達がすでにもっている喜劇と悲劇の違いについて話し合います。ドタバタ喜劇とメロドラマについては、それらが見る者の感情を捉えないという理由で話し合いには含めません。

したがって、これまで私達が見たことのある劇や映画やテレビについて話し合います。しかも、ここでの話し合いの焦点は生徒達の感情面での反応です。具体的には、何が生徒達を笑わせたり、泣かせたりしたのか、ということです。生徒達に笑わせた人物を思い浮かべてもらい、その人物のどのような性格が笑いをもたらしたのかを考えてもらいます。つづいて、生徒達に哀れみや悲しみの感情を呼び起こさ

せた人物を思い浮かべてもらい、その役が適役だと思わせる理由を考えてもらいます。

沈黙や動きのなさが、どのようなことが起こるかという期待や恐怖などの感情を表すのにしばしば使われることを指摘しながら、特に、動きや仕草や顔の表情などに注意を払います。それから、期待を表す感情はおかしかったり、逆に怯えさせるものでないなら、少なくとも不安がらせるものなのかということを検証します。

エクササイズ 1 観客が登場人物と一体感をもつことの重要性

まず、学校での最初の日について、覚えていることを書き出してもらいます。書き終えたら、何人かの生徒に書いたものを読んでもらうようにします。次に、自分が臆病であったがために招いてしまった不幸な出来事について覚えていることを書き出すように言います。これについても何人かに読んでもらったら、みんなにその不幸な出来事には何の関係もない傍観者にとって、そのことがどのように見えていたのかを聞いてみます。話し合いの中で、結構おかしく見えるだろうということ、そして、出来事の喜劇的な側面から脱するためには、傍観者は何らかの形でそれをしていた人物に対して思いやりの感情をもたなければならないことについても合意に達せられると思います。

次に、生徒達に真に敬服している誰かについて思い浮かべるように言います。それができるようになるためには数分を要するかもしれません。その際、「敬服」と「あこがれ」の違いを強調することが大切です。もちろん、まだ一度も会ったことのない人を選ぶこともできます。

さらに、生徒達が敬服している理由を書き出すように言います。ここで出される特徴を読んでもらうことによって、真に敬服される人々の素晴らしさについての理解を深めることができます。これで、『蠅の王』の中に出てくるラルフとピギーの性格について分析するための下地ができたことになります。

エクササイズ 2 ドラマチックな緊張感をつくり出す際に果たす登場人物の性格の役割

何人かの生徒に対して、部屋に順番に入るとき、以下のような感情を表すように言います。
　①ドラマチックな緊張感
　②喜劇的な緊張感

あまり事前説明をしないで、どんなふうになるか、とにかくやってみることをおすすめします。終わってから、どちらの方がより難しかったかを、その理由とともに話し合います。

ここでの目的は、登場人物のことは一切知らなくても、ドラマチックな緊張感の方が喜劇的な緊張感よりも難しいことを発見することです。

エクササイズ 3 エクササイズ2の登場人物の延長

2人1組のペアをつくり、即興である場面を演じるように言います。その際、喜劇風なやり方とドラマチックなやり方の二通りで演じます。演じるのはきわめて単純な場面で、1人が入ってきてやり取りをして、出ていくというものです。

私は、演じる場面の雰囲気をうまくつくることを強調します。ドラマチックに演じるときは、主役の方がエクササイズ1で出し合った敬服している資質をもっているように、喜劇として演じるときは主役がバカを演じるように言い、各ペアに3分ほど準備する時間を与えます。それから、順番に演じてもらいます。それらの異なる即興を見ることによって、生徒達は自分達の異なる反応に気づくことができます。このエクササイズをする目的は、ドラマチックに演じたものが共感や同情の気持ちを生み出すのではなく、笑わせてしまうことがあることを体験することです。

即興が終わった後に、ドラマと、メロドラマとドタバタ喜劇の違いをはっきりさせます。メロドラマとドタバタ喜劇は、登場人物たちが演じている間に変化したり成長することはなく、したがって視聴者の感情をとらえることもほとんどありませ

ん。ドラマチックな劇や映画、あるいはおもしろい喜劇の場面などへの私達の異なる反応を見ます。ドラマチックな場面では、登場人物に私達が一体感を感じていることが多いようです。ベイシル・フォルティは私達を笑わせてはくれますが、私達が彼を敬服することも彼の状態に同情することもありません。

最後に、私はチャーリー・チャップリンの『黄金狂時代』の一場面を見せ、登場人物に対する私達の関係のもち方や、喜劇と悲劇の違いが狭まっていることに気づいてもらいます。

エクササイズ 4 ラルフとピギーの性格と、2人が求めるもの

まず、『蝿の王』でラルフとピギーが最初に出会う場面（第1章の最初の数ページ）を読みます。

この出会いの文章をもとに、生徒達には2人の少年について書いてもらいます。その目的は、2人の違いに気づいてもらうことです。さらに、2人の少年が求めるものについても書き出してもらいます。彼らは何を欲しているのか？　私は、彼らの望んでいることが違うかもしれないことを伝えます。

それから生徒達に、この出会いの場面でどちらの少年の方が強いと思うかを、その理由とともに書いてもらいます（書く代わりに、話し合ってもいいでしょう）。

最後は、この場面の緊張感について書いてもらいます。その後、2人1組のペアになってもらい、以下の点を強調した場面を演じてもらいます。

・性格
・求めるもの
・2人の少年の間の力関係
・緊張感

5分ぐらいの準備の時間を与え、順番に演じてもらいます。演じ終わった後には、サークルをつくって即興から感じたことを話し合います。ここでのポイントの一つは、各自がどちらの少年により一体感を感じたかということだと思います。

エクササイズ 5 ドラマチックな緊張感をつくる際の強い敵の存在

　第3章の「浜辺の小屋」では、それが2人の緊張関係を高めることになるラルフとジャックの望んでいることの大きな違いを見ることができます。

>　「生の枝をくべたのかな？」とラルフは呟いた。彼は、目を細くして、くるっと反対の方向を向いて水平線を探した。
>　「見つけたぞ！」
>　ジャックの大声に、ラルフは飛び上がった。
>　「何を？　どこに？　船かい？」
>　しかし、ジャックが指さしたのは、山から下の平坦な地区へのびている、かなり上のほうにあるくだり勾配であった。
>　「そうだったのか！　あそこにいるってわけか——なるほど、日中の暑いときはあそこでじっとしているというわけか」
>　ラルフは、彼のつかれたような顔を、困惑した気持ちで凝視した。
>　「——あんな高い所まで行くのか。暑い間はあんな高いところにある木陰か何かで休んでるのか。まるで郷里の牛と同じだな」
>　「ぼくは、また、きみが船を見つけたとばかり思った！」
>　「そっと登っていって一匹の豚に近づいて——顔に何かを塗ると豚のやつらにも分からないと思うんだが——ひょっとしたら包囲してそれから」
>　憤慨したラルフは、自制を失った。
>　「ぼくは煙のことを話してたんだぞ！　きみは救助されたくはないのか？　きみが話せるのは豚以外にはないのか！」
>
>　　　　　　　　（『蝿の王』平井正穂訳、新潮文庫、1975年、86〜87ページより）

　生徒達に、この場面をきわめて緊張度の高い場面にしている理由を考えてもらいます。私達は、2人の強みや弱みなどについても話し合います。対立には、主役に本当に挑戦する強い敵の存在が不可欠であることを知ってもらいたいのです。次に、生徒達に、自分達の生活の中で最も挑戦的な存在について考えてもらいます。そうする

ことによって、自分達の生活の中でも同じことが言えることに気づいてもらえます。
　それから、小説のオープニングの部分（第1章の12～13ページ）について振り返ってみて、そこでの緊張感と、今話し合った緊張感との違いについて比較します。

エクササイズ 6　各登場人物の目的の重要性

　私達は、2人の対立がどのように展開していったのかを、第4章「彩られた顔と長い髪」の一場面を見ることによって検証します。私達は、強さの大切さについてはすでに確認しました。ここでは、異なる目的から緊張感がどのようにつくられるかを見てみましょう。

> 　彼は両腕を大きく広げた。
> 　「あの血をきみに見せたかったよ！」
> 　狩猟隊の少年達は、かなり静かになっていたのだが、血の話を聞くと、またがやがや騒ぎだした。ラルフは、髪をうしろへはね上げた。片手は、影一つなく果てしなく広がっている水平線をさしていた。その声は強く荒々しく、みんながはっと静かになるほどだった。
> 　「船が沖を通ったのだぞ」
> 　ジャックは、ラルフの言葉にあまりにも多くの恐ろしい意味が同時にこめられているのを知り、たじろいだ。逃げるようにして豚のところへゆき、片手でそれに触りながらナイフを取りだした。水平線をさしていた手を、ラルフはおろした。拳を固く握りしめ、声を震わせて、いった。
> 　「船が沖を通ったのだぞ。ちょうどあのあたりだ。きみは烽火はずっと燃やしておくといっておきながら、消してしまったじゃないか！」
>
> 　　　　　　　　　　　　　　　　　　　　（前掲書、113ページより）

　この場面から、2人の目的がぶつかり合っていたことの結果を知ることができます。ラルフの目的は、サポートが得られなかったことで失敗しました。ジャックの喜びも、自分が失敗したということを言われたことによって粉々にされました。

生徒達をいくつかのグループに分け、二つの場面を演じてもらいます。一つは、2人の登場人物が相対する利害で衝突しているところです。もう一つは、どちらもサポートが得られず、両者の利害が達成されなかったところです。

『影との戦い』

この作品の鍵は、魔法と超自然の力の存在です。しかしながら、この魔法の世界の底辺に流れるのは、自分探しの物語です。魔法使いや魔女の刺激的な部分をうまく利用することによって、子ども達にも十分理解できるものになっています。同じようなことは、魔法使いや魔女の世界を宇宙の神秘に置き換えた映画『スター・ウォーズ』や『E・T』にも見ることができます。これらの映画では、人間が成長するには挑戦することが不可欠であるという考え方も表しています。

『影との戦い』のような作品を扱うときには、私が投げかけるテーマの理解に役立つので、こうした映画を見せることにしています。挑戦は何かを乗り越えるだけでなく、人生をおもしろくもしてくれます。目の前に横たわる困難を越え難いハードルととらえるか、自分の人生を楽しくしてくれる挑戦ととらえるかは各人が選択できることです。作者のアーシュラ・ル＝グウィン[★2]が言わんとしたことは、自分達の人生の影の部分に立ち向かうことはきわめておもしろい挑戦ではないかということのように私には思えてなりません。

小説について学ぶとき、私達はあらすじや登場人物や主題についてまず論じます。そのうちのいずれか一つに焦点を当てることが、小説を理解する際のポイントになるように思われます。『影との戦い』を理解するには、主題を押さえることがポイントのような気がします。しかしながら、主題というのは子ども達には捉えにくい概念でもあるので、私は主題とあらすじを区別するところから進めていきます（「レッスン13」で、魔女や魔法使いを扱ったエクササイズをしています）。

エクササイズ 1 あらすじ

まず、生徒達にサークルになって座るように言います。それから、AとBの2

人1組のペアになるように生徒を分けていきます。クラスのサイズが18人だとした場合、例えば、私の左側に座っている人達にAになってもらい、右側に座っている人達にはBになってもらいます。それぞれ自分の真正面に座っているAとB同士がペアになるように言います。

　まず、Aになった9人の生徒達が自分がつくり出した物語を語り始めます（あまり長すぎず、二つか三つの文章がいいでしょう）。その後を受けて、Bの生徒達は自分のパートナーの物語を続けます。しかしながら、AとBの座っている位置が離れているので、Bの生徒達は自分がパートナーのAが話した後、9人の話を聞かなければなりません。もちろん、Aの言ったことはよく覚えておかないと続けて話すことはできません。Bの生徒達に与えられた条件は、Aの言ったことにしっかり続くストーリーでないとダメだということです。

　もちろん、展開される物語の質は、生徒達がどれだけこのような活動を経験しているかということと、生徒達の想像力にかかっています。しかしながら、私の目的は素晴らしい物語をつくり出すことではなく（もし、できたならうれしいですが）、主題をつくり出そうと意識しなくても「あらすじ」はつくれてしまうということを体験してほしいのです。

エクササイズ 2 主題

　ここでは、読むのが簡単で、しかもとても引き付ける主題をもっている単純な物語を選び、読み聞かせをします。私の個人的な好みをいえば、マージェリィ・ウィリアムズの『ビロードうさぎ』[3]などです。これは、単に引き付ける主題をもっているだけでなく、私達に、子どものときに持っていた好きな人形やオモチャを思い出させてくれます。読む者にとっても、聞く者にとっても、何らかの強い感情を伴っ

★2　(Ursula Le Guin)1929年にカリフォルニア州バークレーで生まれる。ジャンル的には、サイエンス・フィクションやファンタジーに分類される作品を書いていますが、いずれも今日的な問題を場や設定を変えて扱い、問い続けています。『影との戦い』を含めた『ゲド戦記』の5部作は、彼女の代表作です。

★3　(Margery Williams Bianco) 1881～1944年。イギリスのロンドンで生まれ、9歳のときにアメリカに渡り、その後は両国を往復する生活を送っていました。『ビロードうさぎ』はまちがいなく30ある彼女の子ども対象の作品の中では最初で、しかも最も有名な作品です。

た思い出を呼び起こしてくれるのです。そして、このような経験こそがあらすじの背後に流れている主題を理解するのに役立つのです。

　『ビロードうさぎ』のあらすじは、ぬいぐるみのウサギが本物のウサギになるというものです。しかしながら、物語のおもしろさは「本物」とはいったい何ぞや、という主題にあります。

「ほんものってなに？」
　ある日、うさぎがたずねました。うさぎと馬は、子どもべやのだんろのかこいのそばに、なんらでにころがっていました。まだ、ばあやがへやをかたづけにきていないので、おしゃべりができるのです。
「ほんものって、体の中にジージー音がするものがあって、そとにねじがつきだしているもののこと？」
「体がどうつくられているかじゃないんじゃよ。」
と、皮の馬がせつめいします。「おまえにおこることなんじゃ。子どもが長い間おまえをかわいがってくれて、ただおもちゃとしていっしょにあそぶだけじゃなくて、ほんとうにおまえをすきになってくれたときに、おまえはほんものになれるんじゃよ。」
「つらいことなの？」と、うさぎがききました。
「つらいこともあるよ。」と、しょうじきものの馬が答えます。「じゃが、ほんものになれば、つらいことなんか気にならなくなるさ。」
「ぜんまいをまかれたときみたいに、いっぺんにほんものになれるの？それともちょっとずつ？」
「いっぺんになれるわけじゃない。」と、皮の馬が答えます。「だんだんなっていくんじゃ。長いことかかってな。じゃから、すぐこわれてしまったり、かどがするどくとがっていたり、ていねいにあつかわないといけないおもちゃ達は、めったにほんものになれないわけじゃ。だいたい、ほんものになるころには、おまえのけはかわいがられてほとんどぬけてしまうし、目玉もとれて、体のつなぎ目がぐらぐらして、ひどくみすぼらしくなってしまうんじゃ。じゃが、そんなことはどうでもいい。いちどほんものにな

ってしまえば、みにくいなんてことはない。それがわからないもの達にとっては、みにくく見えるんじゃろうがね。」

(『ビロードうさぎのなみだ』谷口由美子訳、吉永純子絵、文研出版、12～16ページより)

　この部分を読み聞かせた後に、各自が思い出したことやその気持ちについて話し合います。私はこの物語をあらゆる年齢の人々に読みましたし、またあらゆる年齢層の人々によって読まれるのも聞いてきました。最初は子ども時代の思い出やそのころ好きだったオモチャを思い起こさせるのですが、真実を語る人とウソを語る人の違いについても考えさせるようです。

　この話をした後で、このウサギのお話と、先ほどサークルになってみんながつくったお話との違いについて生徒達に問いかけます。このことは、単に事実を並べて物語をつくるのと、主題を基にしながら物語をつくることの違いについて考える機会を提供します。

エクササイズ 3　主題を基にしたマイム

　生徒達に、教室の中を輪になってできるだけ走るように言います。その際、誰にも触らないように注意します。太鼓が叩かれたらそのときの状態で停止し、「リラックス」という言葉がかけられるまで動けません。これは導入で、指示にしっかり従ってもらうことを確認するためにします。再び走り出させ、太鼓が一回聞こえたときに「フリーズ」させます。今度は、以下の中から指示します。

> 飛び跳ねる／回転する
> スキップする／大またで歩く
> ピョンピョン飛びする／鳥の歩き方を真似る

　次に、太鼓のみが動きの指示になることを告げ、上の動きを順番にやっていき、太鼓の回数が特定の動きであることを理解させます。例えば、1回は単に走り回る

こと、2回は飛び跳ねること、といった具合です。

　数分間これをやった後、全員が床の上にゆったりと動かないで寝るように言います。落ち着いたら、私が言う言葉をからだで表現するように言います。その際、目は一切開かないようにします。以下の言葉をゆっくり言っていき、子ども達にそれらを表現する時間を与えます。

> 欲張り／うそ／恥ずかしさ
> ずるさ／不幸せ／好奇心
> 支配／悲しさ／喜び

　一通りやった後で、生徒達にどれか一つの言葉を選ぶように言います。選んだら、それをどう表現したらいいか考える時間を与えます。その際、動き回ったり、他の人のことを見るようなことはしないように言います。この時間はわずか1分前後で、すぐに自分が選んだ言葉をからだで表現してもらいます。

エクササイズ 4　欲張りを主題にしたマイム

　このエクササイズでは、意味を伝えるのに動きを使います。その際、多少は意味のなさない言葉を使ってもいいと言います。演じてもらう劇は「欲張り」を主題とし、以下のようなあらすじがあることを伝えます。

　　2人の人が道を歩いています。突然、1人が地面の上にとても不思議な形の靴が置いてあるのを見つけました。2人ともはいてみたかったのですが、強かった方が勝ちました。靴をはいたとたん宙を飛ぶことができるようになり、もう1人の方を馬鹿にし始めました。いろいろ形を変えて飛び回りました。しばらくすると、靴をはいて宙を飛んでいた人は疲れ、靴をはいたまま寝ました。もう1人の人は、今度は自分がはいてみる番だと思いましたが、靴をはいている人はちょっとした動きでも起きそうなので、靴を脱がせるのは簡単ではありません。

生徒達には、このあらすじにのっとって2人の登場人物の性格をつくり上げて、即興で演じるように言います。強い方は、自分がほしいものはすぐ手に入れることができ、弱い方は靴を手に入れるためにはずるさを身に着けなければなりません。ここで私は、『影との戦い』の主題に直接結び付きやすいと考え、あえて否定的な個性を選びました。私達が読む物語の多くは神話に関連するところがあり、私がドラマの影響を受けたドロシー・ヒースコート★4とピーター・ブルック★5は、2人とも私達の創造的な生活の中に占める神話やおとぎ話や伝説などの大切さを強調しています。

　もちろん、小説を学問の対象としてだけ位置づけて扱うこともできます。しかしながら、私達が子ども達の心理面での健康にも関心があるならば、小説の中での様々な出来事と、それらと私達の生活を関連づけることは容易にできることです。当然のことながら、行動規範やルールを指し示すことが文学に与えられた役割ではありません。しかしながら、子ども達が遭遇するかもしれないチャレンジに物語の形で事前に体験することは価値のあることではないでしょうか。

　次に私は、『影との戦い』、特に「第4章　影を放つ」に焦点を当てます。私達は、その出来事が起こる前の部分を読みます。

> 「さあ、」ゲドは相変わらず顔色ひとつ変えずに、ヒスイに向かい合った。「あんたがおれより上だってことは、どうやって証明してくれる。」
> 「何もする必要はないね。しかし、まあ、ちょっとばかりやってみせてやるとするか、山羊飼いどの。ただ、その前にチャンスを与えてやろう、いいチャンスをね。妬みってのはりんごについた虫みたいに人を食いつぶすから、まずはそれを追い出さなきゃ。……目くらましの術でも見せてくれるかね？　それとも火の玉でも？　……死んだ人間の霊はどう？　こっ

★4　(Dorothy Heathcote) 世界で最も有名なドラマ教育者です。彼女は、ドラマをよりよく教え、学ぶための手段として位置づけていました。五つの大陸で100万人に達する子ども達を教え、数え切れない教師達が彼女が教えるのを教室、ビデオ、テレビ等で見ました。彼女自身は14歳までの教育しか受けていませんでした。
★5　(Peter Brook) 英国ロンドン生まれの劇プロデューサー、演出家。ロイヤル・シェイクスピア・カンパニーでの数多くのプロダクションで有名なだけでなく、アフリカやアジアでも数多くの公演をしており、逆にそれらの国々の劇の影響も受けています。『蝿の王』(1962年)を含めて、何本かの映画監督もしています。

ちは平気だけど。」

(『影との戦い――ゲド戦記Ⅰ』、清水真砂子訳、岩波書店、2000年、94~95ページより)

　ヒスイと戦いたいために（その理由は、ヒスイに対する嫉妬）ゲドは、その後の小説を通して自分自身につきまとう影を解き放ってしまいました。

　この場面を読んだ後、私は生徒達に、次のエクササイズができるようにするために机や椅子を教室の後ろに移動するように言います。

エクササイズ 5 チャンツに合わせて歩き回る

　生徒達に、部屋中に広がって、他の人に邪魔されない自分の場所を探すように言います。生徒達はその場で横になり、目を閉じて短いリラクゼーションを行います。リラクゼーションの最後のところでは生徒達に伸びをするように言い、さらに膝を曲げて立つように言います。

　そこまでしたら目を開けるように言い、部屋の中を歩き回れることも伝えます（ただし、まだ膝は曲げたままです）。そして、歩き回りながら「だから何」を繰り返しながらチャンツで歌います。これを歌った後、まだ動き続けながら、今度は誰かに出会うたびに「あんたは自分を誰だと思ってんの？」と交互に言い合うように伝えます。

エクササイズ 6 ネズミになる、ネコになる

　再び、全員床の上に横になります。自分ができるだけ小さくなるように言います。ネズミになったと思って、おどおどしながらあたりを調べるように言います。これは、他の生徒達を無視して行います。この作業は、継続してやり続けることが大切です。本物のネズミのように注意しながら、機敏に、絶えず観察するように言います。しばらくしたら、動物の小ささを感じるために「フリーズ」します。

　今度はネコになったつもりで、前よりは力をもっていることを表しながらあたりを調べて回ります。力強いポジションで「フリーズ」するように言い、力をもった

ときの感覚を味わってもらいます。

エクササイズ 7 自慢しながら歩き回る

このエクササイズでは、「自慢する」という考え方を使います。生徒達にはできるだけ背を高く見せ、自分のことを誇示して、自分のすることは何でも最高であることを会う人ごとに言い合いながら部屋の中を歩き回るように言います。このときは大分うるさくなりますが、誰も特定の人の言っていることを聞かずにみんな同時にやることが大切です。これは、次にする活動の導入にもなります。

エクササイズ 8 自分の影をクレヨンで描く

生徒達はペアになり、互いに向き合って座ります。最高でどれくらい近づいて座れるかを私はいつも指示することにしています。協力して取り組むには、ペアはかなり近くに座らなければならないからです。もし、膝と膝が数センチ以上離れているペアがいたら、もっとくっつくように言います。ペアになってくっついて座る以外に、紙とクレヨンが必要です。用意ができたら目をつぶるように言い、まず自分の好ましい特徴について考えます。次に、好ましくない点について思い描いてもらいます。次は、交互にそれらを紹介し合ってもらいます。

各自、自分の影を描きます。ゲドが遭遇している影は自分の異なる部分に出会っているようなものであることについて話し合います。『影との戦い』の中で描かれているような、あまりにも困難な部分を表す必要のないことを生徒達には伝えます。生徒達が描く影は、小説の中の影のようにはっきりした形をとる必要はありません。大切なことは、色でうまく表現できることです。このとき、例えば映画『シン・ブルー・ライン』[5]のサウンドトラック（フィリップ・グラスが担当した）をかけるといいでしょう。それを私が選ぶのは、あまり知られていないことと、私達が探求して

★6 （The Thin Blue Line）1976年にテキサス州ダラスで実際に起こった警察官殺しにまつわる裁判を克明に追ったドキュメンタリー映画。監督のエラル・モリス（Errol Morris）は、アメリカの司法制度について観客に考えてもらいたかったと思ってつくったといわれています。全米の高校生必見の映画とさえ言う人もいます。ちなみに、フィリップ・グラスが担当したサウンドトラックには31曲が含まれています。

いる小説の主題にピッタリあうドラマチックな効果をもっているからです。

　教師の中には、このような個人的な面を探求することの是非について疑問を投げかける人もいます。私はこの種の活動をする前には、以下のような点について十分に確認する必要があると考えています。

❶各生徒が、思い描く影に対する敬意をもつこと。教師は、生徒の視覚的な表現に対して解釈をしてはいけないこと。自分は、小説で扱われている主題の理解を深めるための機会を提供していることを確認すること。心理学者ではないので、生徒達が描いた内容については一切触れないこと。生徒達は描き、私はその行為をサポートすること（適切な音楽を流すことなどを通して）。

❷教師は生徒達をよく知っていることが条件であり、かつ自分のことを信頼してくれていると思えること。

❸このエクササイズは慌ててやってはいけないこと。さらに、最後に話し合いの時間を確保しておくこと。

サークル

　授業が終わる10分前には、最初のペアに戻るように言います。授業でしたことで印象的だったことや、自分達が描いたものなど、何でも好きに話し合えることを告げます。

　最後は、数分間目を閉じます。その間、私はごく簡単なリラクゼーションをしてから、自分が最高のときのことを思い浮かべてもらいます。これをするのは、この授業から生徒達にもっていってもらいたい最終的なイメージは、マイナスのイメージではなくプラスのものであってほしいからです。

パート3
劇をプロデュースする

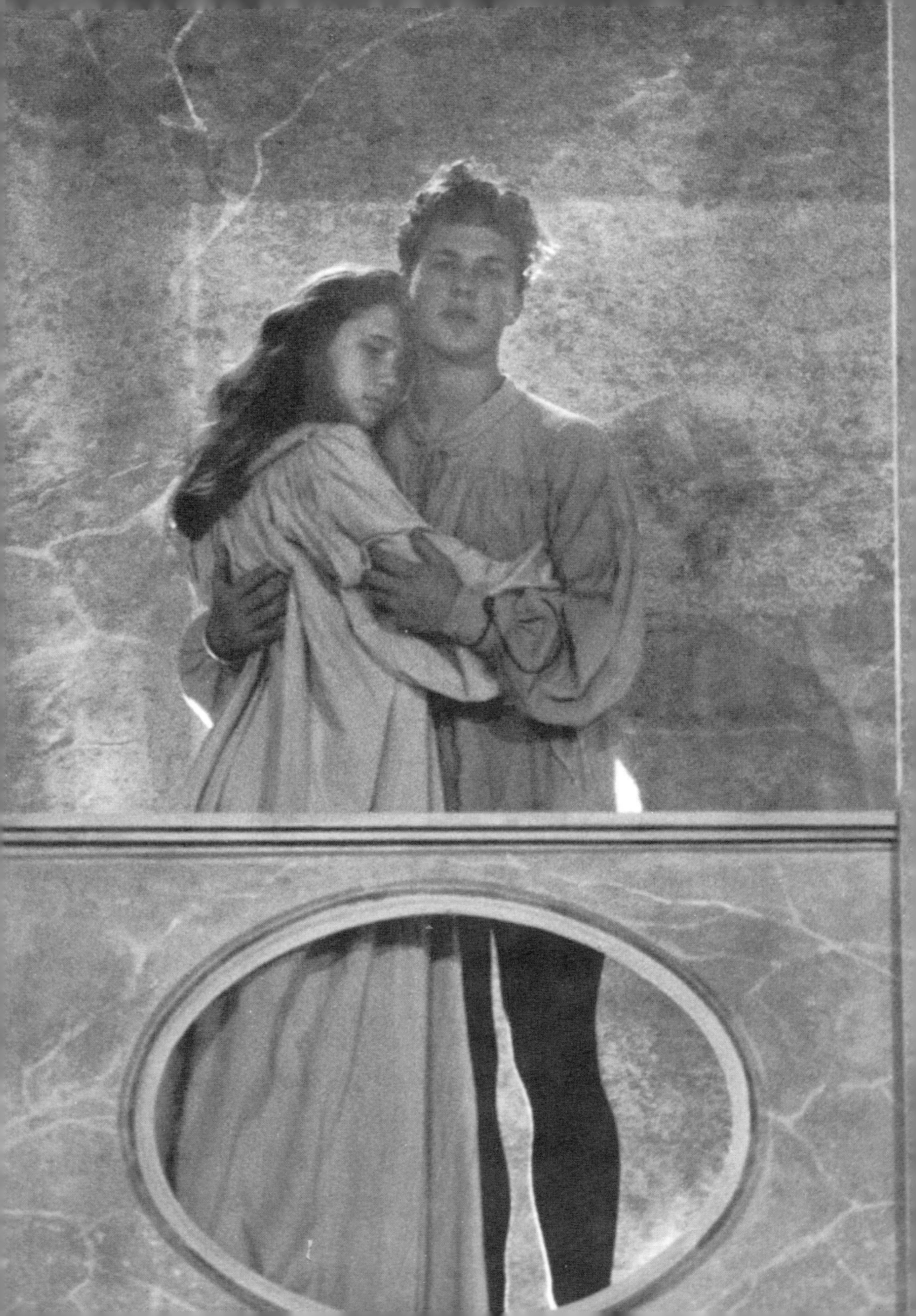

劇をプロデュースする

　劇のプロダクションは、多くの教師、親、そして生徒達にとって、「毎年の恒例行事」として位置づけられています。そして、担当になった教師達（多くの場合は、国語科）から「今年はいったい何を演じたらいいんだ？」という声が聞こえてきます。それは、我がコロワル校でも同じです。

　今、私は放課後にとても熱心なごく少数の生徒達と劇づくりをしています。どこでもその学校固有の制約や限界などを抱えながら、製作者達は最善の努力をします。

制約と限界

❶私達の学校は小さな学校で、中学・高校の合わせた生徒数は80人足らずです。それは、去年のように『真夏の夜の夢』などの大規模な劇をつくろうとしようものなら、台本を覚えるのがあまり得意でない生徒達も何人かは含めなければいけないことを意味してします。去年の劇で主役をした子どもは、学校の成績があまりいい生徒ではありませんでした。しかしながら、その生徒にとって劇は輝ける時間だったのです。

❷シドニーから遠く離れたブルーマウンテンのレウラに位置する私達の学校は、交通の便がよくないことから、練習時間はバスの時間などに合わせてやらざるを得ませんでした。

❸私達の学校には練習できる施設がありません。また、実際に劇が上演される劇場でも5回以上のリハーサルはやれないという制約がありました。それは、照明や衣装を使った練習も制限があるということです。

❹予算もとても少なくて（約8万円）、そのうちの6万円は会場費です。

　このように資源がきわめてかぎられているのですが、プラス面がまったくないわけではありません。衣装やセットや照明などの分野で、ほとんどプロといえる保護

者達からの無償のプロダクションの援助が得られています。これらは、劇の製作にあたって、費用には替え難いきわめて大きな貢献です。

目的

以上のような状況下で、私が設定した目的は以下のようなものでした。
❶最高の質を求める劇をつくり出すこと
❷価値ある学びの体験を参加する生徒達に提供すること。それは、以下のような領域においてです。

- 互いに協力し合うこと。
- グループのプロジェクトとしてコミットすること（要するに、1人が欠けてしまうことによる打撃はきわめて大きいので、安易な気持ちではかかわらないということ）。
- 劇づくりに必要なスキルを学び、ドラマの授業を通して学んだすでに知っているスキルも利用して、洗練された作品に仕上げていくこと。
- 楽しむこと。
- 劇の技術的な部分の知識を磨くこと。
- 最善を尽くすことによって興奮や満足を得ること。
- 自信と自立心を養うこと。
- 創造力を養うこと。

このような目的のもと、すでに2ヶ月も練習してきた劇を放棄することを避けられない状況に追い込まれていました。この間、毎週2時間ほど放課後に練習をしてきたにもかかわらず、まだほとんど何も獲得していたとは言い難かったのです。このような状況は、なぜ起こってしまったのでしょうか？

この劇の練習に本格的に取り組み始める前の3週間ほどは、4年間にわたってドラマを私とともに学んできた生徒達が何を演じたらいいかを決めるためにいくつかの劇を試してみました。そして、この劇に決定し、練習をし始めたのです。にもかかわらず、しばらくしてから何人かの生徒が私のところにやって来て、「全然楽し

くない」と言ったのです。

　劇は、彼らの年齢には難しすぎて、自分達の演じるスキルを伸ばしたり、自分達で演出する余地はほとんどないというのです。私達は、それが意味することについて話し合いました。もし、その劇をその段階で放棄する場合は、他の劇を探すのに時間がかかることを意味します。そのことは、私達みんなにとってすごい圧力になります。よく考えたすえ、生徒達の言っていることにはきわめて正当性があるので、私達は他の劇を探し始めました（186〜187ページ参照）。

　私達が現在抱えている問題は置いておくことにして、昨年、私達がつくった『真夏の夜の夢』の製作について詳しく紹介します。

劇の三つの準備段階

　劇の準備には、三つの段階があります。

❶慣れる段階——これは、以下の方法で達成することができます。
- ・即興でやってみる
- ・異なる場面を練習する
- ・台本を学ぶ

　シェイクスピアの劇では、私は生徒達に、何の先入観ももたずに徐々に登場人物の性格をつくり出していってほしいと思っています。しかしながら、上演のほんの数週間前まで、これができなかった生徒もいます。

❷劇のリズムを理解する

　この劇では、リズムを理解することはとても重要なことです。普通の人々の世界と魔法の世界とが作用し合っているからです。実際はもっと複雑です。というのは、普通の人々の世界はさらに二つの層に分けられるからです。貴族の世界と、普通の人々である労働者の世界です。これらの三つの世界がダンスを踊るように、交差したり、離れたりするのです。

　このことを押さえることが理解の鍵だと私は思っています。でも、生徒達が自分の台詞を自分のものにするまでは、そのような細かい区別を理解することは困難で

す。そして、いったん自分のものにしたときは、それぞれの世界のリズムにマッチした特徴的な動きが可能になります。ステージの上で生徒達がどう動くのかということを教師が独断的に決めてしまうことは、単に動きの硬さをもたらすだけだと思っています。したがって、目的の一つが生徒達の創造力を育てることであれば、自由と独立心を奨励した方がいいということです。

『真夏の夜の夢』では、三つの異なる動きについて探求しました。
　①妖精の世界の軽くてすばやい動き──これは上半身の動きがポイントです。
　②貴族の世界のゆっくりで堂々とした動き──これのポイントは腰です。
　③労働者の世界のゆっくりした動き──これは尻やももや膝がポイントです。

練習を始めてから２ヶ月たっているこの段階では、生徒達は何人かの親や教師の指導のもと、衣装もつくり始めています。

❸まとめと調整

これまでの４週間の間に、何人かの生徒が「ようやく自分の役割が理解できるようになりました」と私に言ってきています。この時点で最も大切なことは、合宿をすることです。これは出し物によって期間は週末の２日間から１週間までいろいろありえます。『真夏の夜の夢』の場合は１週間行いましたが、それはきわめて貴重なものでした。

これまで練習したことをまとめるには、集中して取り組める時間が必要です。私達はリハーサルをできるだけビデオに撮り、練習が終わるとそれを全員で見て、自分達のいい部分と弱い部分について話し合います。緊張感が高まります。大きな学校なら、出演する者のほとんどは経験者ぞろいですが、クロワル校ではすでに説明したように、４年間、私とドラマを学んできた者と一緒にまだほとんど何も経験したことのない生徒達も混ざっているのです。このことが、両者の間の緊張感を高めることになり、全員が一丸となるためにも合宿で一緒に過ごす時間がとても貴重なのです。互いにサポートし合った形での劇をつくり出せるか、それとも個別に演じる者の総体としての芝居になってしまうかの分かれ目なのです。

緊張感の症状として表れることの一つとしては、脇役の生徒達が練習が長すぎる

と不平を言い出すことです。また、主役の生徒達への恨めしさを態度で表し始めます。もし、私が威圧的に振る舞ったなら、もちろんこうしたことは見えにくくなります。怖くて、誰も言いたいことが言えないからです。表面的にはこの方がいいかもしれませんが、各人がもっている反抗心は、それが表現されようがされまいが、最終的には劇のできを左右してしまいます。

　出演者相互の協力関係を築くためのいい方法は、各リハーサルの後に全員での話し合いをもつことです。この時点では、私は細かい指示を出し始めます。一方で、動きに磨きをかけたり、ゼロからつくり直したり、他方では動きや個性の出し方に対して惜しげもなく誉めたりします。そして、全員で変更したところをビデオで見るのです。

　どこの学校でも、最後の最後になって病気になったり、怪我をしたりで休む生徒が出てくるものです。これは、指導者にとって逃れられない悩みかもしれません。『真夏の夜の夢』のときも、パック役の生徒が衣装合わせのリハーサルに来ませんでした（衣装を着てのリハーサルは２回しか予定していなかったのにです）。彼女のお母さんが電話をしてきて、喘息（ぜんそく）がひどくてその日は行けないし、上演の日も危ないかもしれないと言うのです。さて、どうしたらいいか？　当然のことながら、その役は重要な役です。

　他の配役達にとって、このニュースは破壊的でした。自分達のこれまでの努力は意味があったのかと思い始める生徒もいたぐらいです。ところが、生徒の中に他の配役達の台詞（せりふ）をほとんど覚えている生徒が１人だけいたのです。彼女の素晴らしいところは、とてもうまく演じるのですが、きわめて控えめなことでした。どういう意味かというと、彼女は不満を言うことはなく、常に時間通りに練習に来、自分のところだけでなく全体のことに関心があるので、その時々で何が起こっているのかを常に把握していました。ほかの配役達の登場や台詞の間合いも間違えることはなく、最初の数週間で自分の台詞も全部覚えてしまうような子でした。何というありがたい存在でしょう。指導者にとっては「救い」です。

　この生徒は、ハーミア役を演じている子でした。その衣装合わせのリハーサルでは、このハーミア役の生徒が同時にパック役もするという大変なことになりました。そんなことができるのか、と不思議に思う人もいるかもしれません。なぜなら、衣

装を替えるのに非常に難しい場面が二つもあるのと、ハーミアがパックの横に寝るという場面があるからです。

　私達は、ハーミアを大道具のブロック（それは、タイテーニアのベッドであると同時に、最後の場面では御座として使われる）の後ろに横にならせることにしました。そうすれば、寝たふりをしながらステージからいなくなることができます。確かにおかしくはありますが、十分にいけると思いました。また、他の配役達にとっては、これまでのパックとはまったく違う（状況を考えると、とても上手に演じている）パックと一緒に演じることはおもしろくもありました。しかしながら、最も大きな成果は、誰もが劇が救われたと思えたことです。

『真夏の夜の夢』の役を振り分ける

　劇のプロダクションに参加したいと思っている生徒達には、どんな役があるのかを知ってもらうことから始めるのがいいでしょう。そのためには、生徒達が『真夏の夜の夢』にまず目を通すことから始めます。

　2週間ほどたった午後に、集まるように言います。実際に目を通して、関心をもった生徒達が集まったその場では、配役を受けることに伴って生じる義務について説明します。特に、放課後や週末の活動に熱心に参加している生徒達には、最後の方では合宿形式の練習があることも伝えて、グループ全体への義務を果たさなければならないことを強調します。その後は、生徒達に読み合わせをさせるわけですが、その前に劇のあらすじと登場人物についての話し合いをもちます。

　生徒達が読んでいるときは、声を聞くだけでなく、動きや肉体的な適性などについても見ます。ここで言う肉体的な適性とは、その人の体重、身長、からだの特徴、もっているエネルギーなどを含んでいます。動きの素早さをもっているような生徒は、例えば妖精の王のオベロン役に向いている、といった具合です。オベロンの役は動きの軽さが不可欠で、それを満たすためには身のこなしの軽さをもっていて、しかもそれを十分にやりこなせるタレント性と経験をもっている1人の生徒に私はすでに目をつけていました。

　必要に応じて、それまでの経験を踏まえることも大切なことです。高い信頼性と

コミットメント、加えて指示したことを吸収できる能力を身に着けている生徒達の存在は劇に安定性をもたらしてくれます。経験の少ない生徒には、経験豊かな生徒と同じ場面に立てるように配役を考えます。そうすることによって、経験の少ない生徒は、助けが必要なときに経験のある生徒から知識に裏付けられた自信を与えてもらえる可能性が高くなるからです。

　時間をかけて生徒達をじっくり観察すれば、それぞれにふさわしい配役が明らかになるはずです。しかも、ある程度の確証がもてるまでは、誰がどの役を演じるのかは言わない方がいいでしょう。

　『真夏の夜の夢』の場合、オベロン役を演じる生徒が一番最初にはっきりしました。それは先にも言いましたように、彼がもっている動きの軽さによるわけですが、もう一点は魔法の世界を理解することのできる感覚を彼が一番身に着けているように感じられたからです。パックも、彼女の動きと特徴によって選ばれました。その役で大切な特徴である繊細な面と、病気に対する感覚を彼女が身に着けていたからです。背の高いオベロンとは対照的に彼女は背が低かったのですが、彼と同じように彼女も身のこなしの軽さをもっていました。妖精達ははにかみやさん達で、それを舞台でも表せる女の子達でなければなりません。しかし、そういう子ども達にも舞台の上で演じることは自信を与えてくれることになります。

エクササイズ 1 向かい合って互いの目を見る

　劇のための準備は、喜劇的なテーマを即興で演じることから始めました。「レッスン4」ではマイムと道化師について学びましたが、ここでも同じような導入の仕方から始めます。

　2人1組になり、向かい合って座ります。お互いの目を見合います。私が「ハイ」と言ってから約2分間ほどそれをやり続けます。一見簡単なようですが、やりなれていないこともあって、結構難しいということが分かります。しかし、このエクササイズは互いの壁を半ば強制的に崩すもので、恥ずかしがらずに自然な劇づくりをしてゆくためには短時間で行える効果的な活動です。今度は、あまり一緒になることのない者同士で2人1組になってもらい、同じことを繰り返します。これを何人

かとすることで、お互いの溝を埋めるのに役立ちます。

エクササイズ 2 自己紹介の後には他己紹介

　別の人を見つけて、また2人1組になります。そして、交互に自己紹介をします。どこで生まれたのか、どこの小学校に行ったのか、何に興味があって、どんなことをするのが好きなのかなどについてです。終わったら、今度は他己紹介をします。つまり、自分が相手に成り代わって全体に紹介するのです。しかしその際、忠実に紹介するのではなく、その人の自慢になるように大きく誇張するのです。生徒達はこれをとても楽しみ、そしてこれが、次にするエクササイズの準備にもなります。

エクササイズ 3 マイムで床掃除とウエーターを演じる

　本書のレッスン4ですでに紹介した道化師のエクササイズをします。遊びの要素を導入することによって、生徒達の気をほぐすことが目的です。同時に、2人の道化師の間の対立が発展することで喜劇的な緊張感も体験します。私は、この緊張感を以下のような形でさらに発展させます。

❶生徒達は床を掃除するマイムをします。各自、モップとバケツを持って、想像上の床をきれいにします。生徒達が本気でやっているのを見計らって、以下のような状況を加えていきます。

　想像上の人々が床を横切っていきます。1人を想像するのはそんなに難しくありません。その人がきれいにした床を横切ったので、そこをもう一度拭いてきれいにした後にその人がまた戻ってきて、きれいにしたばかりの床を横切りました。生徒達は、この簡単な場面を自分でつくり出します。これが簡単にできるようになったら、床を横切る人の数をどんどん増やしていきます。

❷次は、全員2人1組になります。そして、一方がウエーター役になり、もう一方が気難しいお客さんの役になるかを決めます。やかましいお客の要求をうまく満たすことのできない、いかにもぎこちないウエーターとのやりとりを表現するマイムのシナリオをつくります。

エクササイズ 4 排除される体験

『真夏の夜の夢』という劇のもう一つの要素は、排除の体験です。このことを理解するために、生徒達に3人1組になるように言います。それぞれのグループのために床に三角形を書きます。3人はそれぞれの角に立ちます。そうして、2人が向かい合って、互いに最近起こった楽しいことについて話し合うように言います。3人目はおとなしく立ったまま、何の言葉も発せずに2人のやりとりを聞くように言います。

これを順番にやっていき、全員が排除される立場を体験します。話し相手が交代するたびに異なるテーマが与えられます。すなわち、最近見たおもしろかった映画とか、最近、教師や親や友達との間にあった楽しい体験や気まずい体験などです。実際体験した後は、サークルになってその体験について話し合います。

エクササイズ 5 「魔法」を扱ったエクササイズ

この劇の最も重要の要素は「魔法」です。生徒達も10代になるとそんなことは気にも止めなくなり、関心を呼び起こすこと自体困難になります。小さいときには信じていたかもしれない魔法は、大人になるにつれどんどん忘れていってしまうからです。

私は、そういった感覚を呼び覚ますことも目的にして、「レッスン13」で魔女や魔法使いを使ったエクササイズを紹介しています。

エクササイズ 6 ドレスアップして踊る

10代の生徒達にとっては、「愛」もこの劇の重要なテーマです。私達はゼッフィレッリ[★1]の『ロミオとジュリエット』を観ることで、二つのシェイクスピアの劇で表

★1 (Franco Zefferelli) 映画監督。代表作として、レオナルド・ホワイティング (Leonard Whiting) とオリビア・ハシー (Olivia Hussey) 主演の『ロミオとジュリエット』(1968年) がある。是非、オーストラリア人のバズ・ラーマン (Baz Luhrmann) 監督の『ロミオとジュリエット』(レオナルド・ディカプリオとクレア・デーンズ主演、1997年) と比較してみて下さい。

されている感覚の違いについて話し合います。私は、『ロミオとジュリエット』にももちろんあるのですが、『真夏の夜の夢』において顕著に表れている陽気さが迫り来る死の雰囲気の中で覆い隠されていることに気がついてほしいのです。

『真夏の夜の夢』では、「愛」はきわめて大切なものであるということは最終的には分かるのですが、劇の様々な混乱の中でおかしなこともいろいろ描かれています。皮肉的にならずに、「愛」のおかしさを受け入れられるということはこの劇の狙いの一つなのです。このおかしさをさらに発展させるために、以下のようなエクササイズをします。

次の練習のときに、家や友達の所から探し出してこれるイヴニング・ドレスを持ってくるように言います。女性徒はお化粧も持ってきて、リハーサルが始まる前に用意をしてドレスを着て出てくるように言います。

私は、マリーン・デートリッヒの『Falling in Love Again』やフィリス・ネルソンの『ムーヴ・クローサー』（キング、1999年）や（アイルランドの）クリス・デ・バーの『The Lady in Red』（2000年）などのテープを用意します。みんなで、これらの歌に合わせて踊ります。歌の意味するところを拡大解釈しながら、交互にいろいろな人と踊っていきます。このような形で自分が演じる配役を遊んでみることは、自分が演じる配役の違った面を引き出す効果もあり、とても有意義なのです。

リハーサル

生徒達が自分の台詞(せりふ)を覚えないかぎり、動きについて指導することはできません。ですから、生徒達が覚えられる速度を考えながら現実的な時間制限を設けます。2ヶ月というところでしょうか。それ以降は、生徒達は台本を持つことは許されず、プロンプター★2を使います。

台詞を覚えるまでは、生徒達が自分の役の動きや表現が自然のものとして出せるようになるように力を注ぎます。また、配役相互の特別の関係にも生徒達の注意を促します。その際のポイントは「声」です。

声

　ここで私が言う声には、「言い回し」、「声の通り」、「意味」、「人物の性格」などが含まれています。最も難しい問題の一つは、マイクなしで、大きなホールにおいて生徒の声を聞こえるようにすることです。この問題の重要性は承知していますが、この段階ではリハーサルの部屋で通る声しか要求しません。それは、言い回しや意味、人物の性格の方にこそ優先順位を置かなければならないからです。一度生徒達が台詞を覚えてしまうと、それを変えることはきわめて困難だからです。それに対して、声の通りはいつでも直すことができます。生徒達に、一度にたくさんのことを要求してはいけません。

意味

　生徒達は、文章をオウム返しで読むことがとてもうまいです。つまり、意味をまったく理解しないで文章を読むということです。ですから、最初の問題は意味を理解することです。生徒達がそれぞれの文章を理解しているか、また劇全体の中での位置づけとしても理解しているかを確認することが大切です。

人物の性格

　文章の意味が理解できたら次にすべきことは、その人物の性格との関連で文章を解釈することです。これには、配役全員によるそれぞれの特徴についての話し合いが役立つこともありますが、最終的には各人の努力につきるところがあります。これはきわめて見えにくい部分であり、生徒がどれだけ自分の役について考えたかが問われてしまいます。

　もし、生徒がこれをすることができなければ（実際、そういう生徒を何人かもったことがありますが）、指導者としてできることは、生徒と一緒に座ってその役と

★2　（prompter）舞台上で演技する俳優に、舞台そでや大道具の陰などに隠れて、台詞（せりふ）や演技のきっかけを教える人。演劇の裏方の仕事の一つで、主に劇団の研究生が務める。

台詞の意味について話し合うことです。その際、これを自分でできない生徒を非難してはいけません。彼（女）らが悪いのではありませんから。そして、私の体験から言えることは、劇に本気でかかわる生徒達はたいていベストを尽くしてがんばります。

読み合わせ

　読み合わせは、劇の最初の数場面に集中してやります。これらの場面が、それぞれの配役の解釈と理解にあったものであるならば、残りの劇についても見えてきます。最初は誰も興奮しています。それがエネルギーを引き出し、指導者も楽に物事を進められるのですが、毎週1回2ヶ月間も練習をしてくると意気込みも次第に衰えてきます。指導者にとってはもちろん、生徒達にとってもここが踏ん張りどころです。ここで気を緩めてしまうと欠席が多くなり、劇全体の勢いを失ってしまいます。

　私はこの点についても、最初から明確にしておきます。ですから、「毎回出席しない生徒はやめてもらいます」と言っておきます。この時期が、新鮮さがなくなり、困難にも耐えながら屈せずにやり通すという一番しんどいときです。

劇のリズムを理解する

　すでに述べたように、『真夏の夜の夢』の中には三つの異なる世界が存在しています。そして、この劇の素晴らしさはそれら三つの世界の織り混ざり方です。それぞれの世界には特有の対立があり、それらが相互に依存し合って劇は進行し、最終的には解決に至ります。そのことが、観客にも完結感を与えることになります。しかしながら、劇はあたかもこれら三つの世界なくしては私達の暮らしは完全ではないと言っているようです。ボトムや彼の友人達の世界は活気があり、ハーミアと彼女を恋する若者達のより優雅な世界とは相容れないものがあります。

　一方、劇の詩的な部分は、パックやオベロンやタイテーニアの世界がかもし出しています。しかしながら、劇のドラマチックな対立の焦点は、私達観客が容易に一

体感を感じることができる若い人達の混乱した精神状態です。生徒達はそれらの異なるレベルに存在する特性と、それらが異なるからだの動きと関連していることを理解する必要があります。

　妖精の世界のからだの動きは上半身が中心です。貴族の世界は腰と腹部、普通の人々の世界はお尻や膝やももが中心です。妖精の世界は、ダンスの世界に似たようなきわめて軽く、空気のような動きが求められます。貴族の世界は硬くなければなりません。背中を固定し、からだ全体をコントロールしたような動きが求められます。普通の人々の世界においては、その名前がほのめかすように（ボトムとは「底」や「尻」という意味）下半身の動きが求められます。そうした動きに合わせて演じることによって、生徒達は三つの世界の基本的な違いを感じられるようになります。

　私は、特定の動きの指示を出すことを好まないと言いましたが、その理由は、それをしてしまうことによって生徒達が役になり切るよりも役を解釈する方に重きを置いてしまうからです。役になり切ることはとても難しいことですが、それはとてもやりがいのあることです。最初と最後は指示を与えることが求められますが、あまり細かく舞台の上での動きに指示を与えるべきではありません。生徒達が自分で役になり切るために最大限の努力と試行錯誤ができるように、教師は支援者であるべきなのです。

　指導者は、もちろんステージで展開している動きのパターンを観察しているべきですし、必要に応じて画家が着想と色をうまくキャンバスの上で調整するように、場面全体に対して提案をすべきです。これはとても楽しいことで、ステージに出ていない生徒達をしばしば私のそばに座らせて、演じられている場面についての感想を言い合います。

　リハーサルの最後には、今日はどうだったかということを分析し合います。そうすることによって、生徒達は劇づくりの過程に創造的に参加することができるのです。

「配役同士の協力を築く最も効果的な方法の一つは、リハーサルが終わった後にグループでの話し合いをもつことです」
　　　　　　　　（ビデオ映像より）

「誰もが、自分の強みと弱みを振り返ることが求められます」

まとめ

　生徒達（＝配役）同士があらすじやテーマとの関連でうまくやりとりができるようになり、動きのパターンも理解した段階でまとめの作業に入ります。これは、ほとんど最後の週まで待つことになるでしょう。

合宿

　『真夏の夜の夢』のときは、このまとめの作業は合宿なしには不可能でした。中断することなしに打ち込める学校以外の場所に配役全員を連れ出すことは、とても意味があります。普段は学校の近くでやりますが、このときはお金を集めることができたので、食事も用意されている、きれいでとても静かな所に行くことができました（ということは、劇に1週間丸々打ち込めることができた）。私達が選んだ所は、首都キャンベラの南にあるスノーウィー・マウンテンでした。

　私達は、すべての練習風景をビデオに撮ることだけを目的にした生徒も1人連れていきました。以下が、私達がそこでしたことの要約です。

午前中のセッション

　私達は7時に起床して、朝食の後8時から「レッスン1」で紹介しているエクササイズや散歩を30分ほどしました。散歩に出掛けた場合は、その途中で、しばらく「レッスン1」の中のストレッチングのエクササイズをしました。この後、すぐに私達は練習に入りました。それは、すべてビデオに撮られました。

　劇を最後までやってみて、終わったらサークルになって座り、全体についてや個別の演技について、各自がどう思っているかの意見を出し合いました。全員が、自分のこと（強みと弱み）を振り返ることが求められました。時間がたつにつれて、この振り返りのセッションがとても重要になりました。もし、うまくいった場合には12時頃に昼食をとりましたが、あまりうまくいかなかった場合は、空いている人が練習している部屋にお菓子などを持ってきて短い休みをとり、まだダメだと思え

る場面の練習を繰り返しました。こういうときは、昼食は2時ぐらいになってしまいました。

午後および夜のセッション

　午後の練習は3時半から再開されました。劇全体をまた演じてみます。それが終わるのは6時頃です。夕食の前に少し休憩を入れます。もし、午後の練習のときによくないと思えた場面があった場合は夕食の後にもう一度練習をします。もし、誰かが台詞の最後の文句や仕草をうまくできなかったり、台詞がうまく言えなかったときは、私か他のスタッフと練習をすることになります。

　これはとてもハードなスケジュールとなり、結構みんなイライラしてしまいました。それもあって、1回1回のリハーサルの後の話し合いの時間がとても貴重なものとなりました。そこでは、もちろん劇について話し合われたわけですが、それに基づく不平なども出されたからです。このスケジュール設定の目的の一つは、プロの俳優達が体験していることを生徒達にも実感してほしかったからです。

　最終的な作品は、親達だけでなく、生徒自らをも驚かせたぐらいのレベルの高いものができました。

　この本の「パート3」を書き始めてから、私達は今年の劇を決定しました。『ロミオとジュリエット』です。今年は、男子生徒が4人しかいないので、かなり創造的なアイデアが求められました。しかし、代償もありました。そのうちの2人はフェンシングをやっており、特に中世の戦い方に関心があるというのです。

　その後、それは実際に演じられました。それはその劇にかかわった生徒達にとっては、コロワル校での最後の演劇活動になりました。その生徒達の教師を5年間やった私にとっても、劇は私達が共有した演劇体験の集大成だったのです。

　劇は、私達の学んだことの応用とコミットメントを反映する形で演じられらました。私達は、男子生徒の不足の問題も以下の方法で克服しました。修道士は女子生徒によって演じられ、近くの学校の男子生徒が男役として加わってくれたのです。私にとって、とてもエキサイティングで満足のいく経験でした。

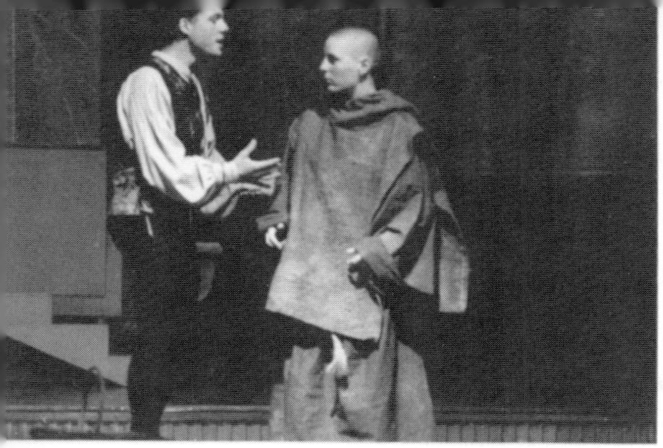

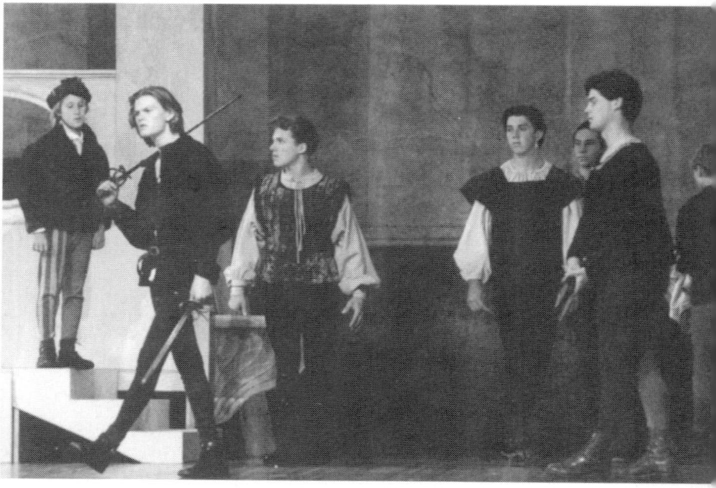

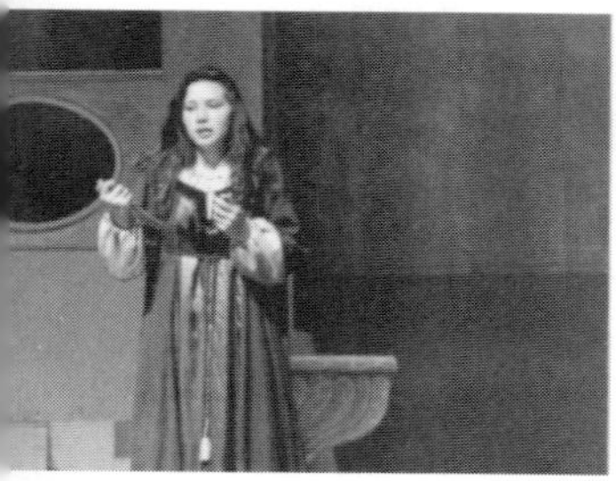

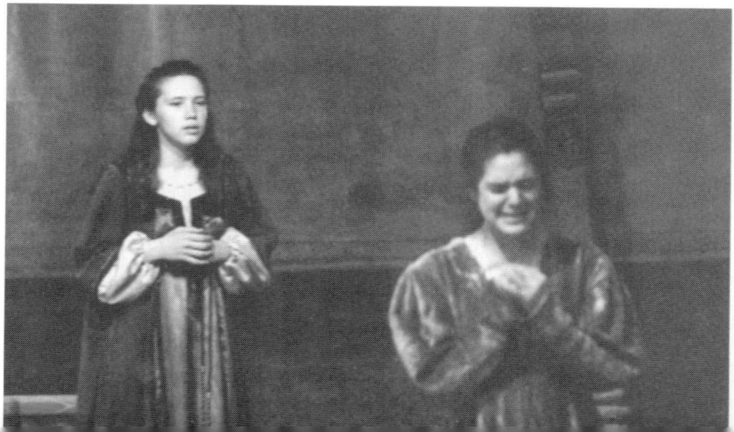

189

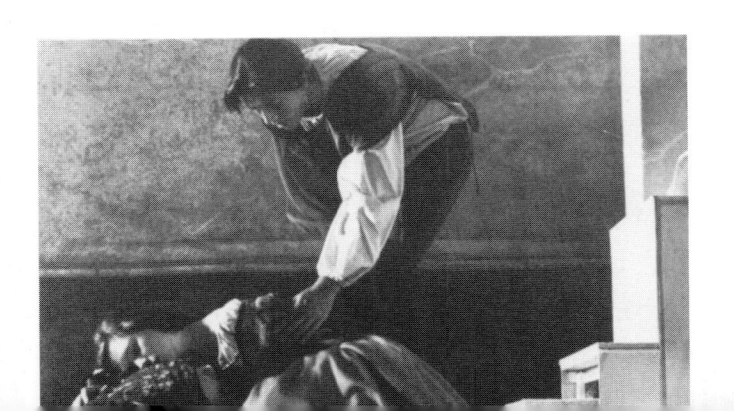

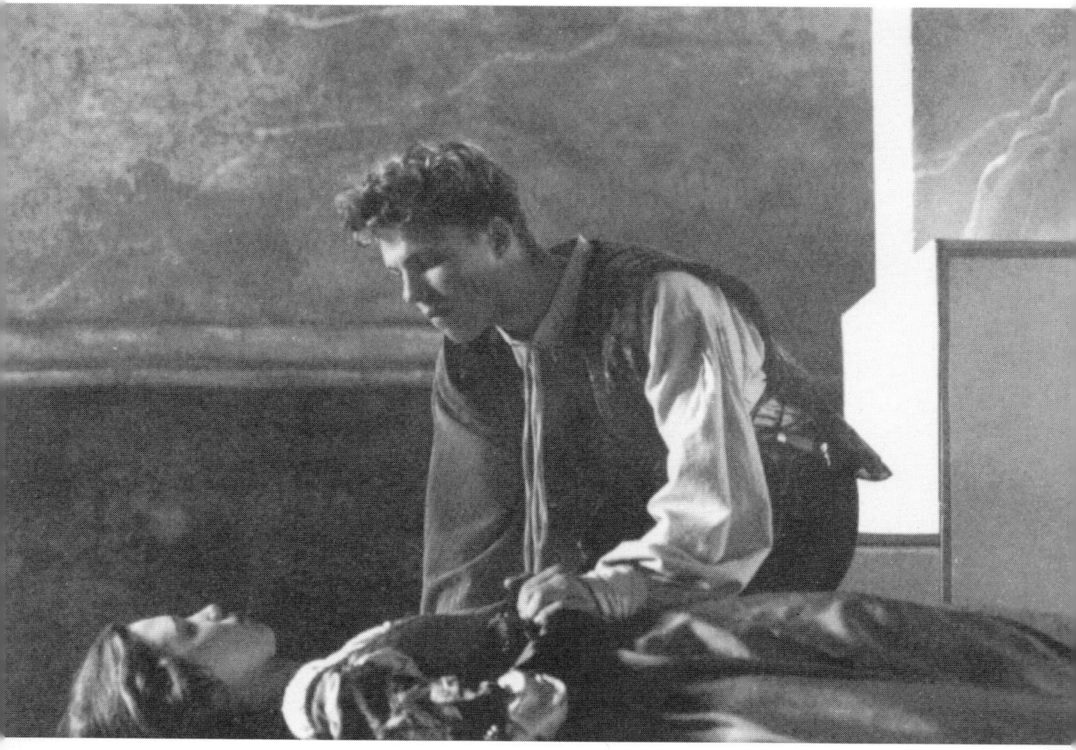

訳者紹介

吉田新一郎（よしだ・しんいちろう）

現在、「学び、出会い、発見の環境としくみをつくりだす」ラーンズケイプ（Learnscapes）代表。自分がそれまでに体験したことのなかった新しい学び方・教え方に出会ったのは、『ワールド・スタディーズ』（1991年 ERIC 刊、連絡先 tel：03-3800-9416）を通して。その後、学習者主体の学び方・教え方を紹介したたくさんのすばらしい本に出会ってきましたが、2002年に翻訳・紹介した『マルチ能力が育む子どもの生きる力』（小学館）や『ペアレント・プロジェクト』（新評論）も含まれます。ドラマに限らず、多様な教科・領域における新しい学び方・教え方をお知りになりたい方はご連絡ください。（連絡先：e-mail= shinlearn@aol.com）

ドラマ・スキル──生きる力を引き出す──　　（検印廃止）

2003年3月15日　初版第1刷発行

訳　者　吉田新一郎
発行者　武市一幸
発行所　株式会社　新評論

〒169-0051
東京都新宿区西早稲田3-16-28

電話　03（3202）7391
振替　00160-1-113487
http://www.shinhyoron.co.jp

定価はカバーに表示してあります。
落丁・乱丁はお取替えします。

印刷　フォレスト
装丁　山田英春
製本　桂川製本

©吉田新一郎　2003　　ISBN4-7948-0591-8 C0037
Printed in Japan

シリーズ《アーツ・マネジメント》　　　（プロデューサー・佐藤和明）

コンサートホールの音響の仕事

『まもなく開演』
ISBN4-7948-0585-3
三好直樹著
324ページ
四六版並製
本体価格2800円

　洋楽が日本に上陸してほぼ150年、私達の日常には洋楽が溢れかえっています。音のない時間を探すのが難しいほどです。しかし、いわゆるクラシックのジャンルに属する音楽は敬遠されてきた音楽でした。習慣的にクラシックコンサートに通う人口も、大都市圏であってもそう大きなものではありません。とはいえ、バブル期に仕掛けられたクラシック音楽のブームがゆえに、全国にコンサート専用ホールや音響特性の上でクラシック音楽に大きくシフトしたホールがたくさん建てられました。しかし、その運用にあたる技術スタッフがクラシック音楽について十分な経験と知識をもっているとはとても言えないのが現状です。また、スタッフを養成するための施設が少なすぎたこともその原因の一つです。
　本書は、コンサートホールの裏側を技術スタッフの視点から書いた初めての本です。ホールのスタッフとしてクラシックのコンサートに対応するための入門書にもなり、またホールの裏側をのぞくことのないすべてのクラシックファンにも楽しんでいただけます。

音と響きの舞台をつくる

『オペラと音響デザイナー』
ISBN4-7948-0567-5
小野隆浩著
236ページ
四六判並製
本体価格2000円

　劇場には、多くの専門分野の人々が働いています。「音響スタッフ」もその中の一つであり、「音」を扱っている専門職です。劇場内に流れる音は単なる音ではなく、常に「音」と「響き」という関係があります。「音」と「響き」、この両者を客席に伝えることが我々「音響」の仕事であり、上演作品がもつ音の全体像に向けてこの二つをコントロールすることを「音響デザイン」と呼んでいます。それには、様々な手法があります。生の音で上演される「オペラ」においても音響デザインを必要としてます。生の音を扱うだけに、その手法は非常に特殊なものとなります。また、「総合芸術」と言われるオペラの音響デザインをするためには、その基礎知識も必要となります。
　本書では、その必要とされるオペラの基礎知識を盛り込みながら、実際にオペラの作品が出来るまでを「音響デザイナー」の目を通して進めていきます。そして、オペラにおける特殊な「音響デザイン」の考え方と手法を解き明かします。